Informatik-Fachberichte 173

Herausgegeben von W. Brauer
im Auftrag der Gesellschaft für Informatik (GI)

Michael H. Schulz

Testmustergenerierung und Fehlersimulation in digitalen Schaltungen mit hoher Komplexität

Springer-Verlag
Berlin Heidelberg New York
London Paris Tokyo

Autor

Michael H. Schulz
Lehrstuhl für Rechnergestütztes Entwerfen
Technische Universität München
Postfach 202420, 8000 München 2

CR Subject Classifications (1987): B.6.2, B.7, B.7.3, I.2.6, I.2.8

ISBN-13: 978-3-540-50051-3 e-ISBN-13: 978-3-642-73910-1
DOI: 10.1007/978-3-642-73910-1

2145/3140 – 543210

Vorwort

Dieses Buch beschreibt die Prinzipien der automatischen Testmustergenerierung und der schnellen Fehlersimulation in kombinatorischen oder mit einem Prüfbus ausgerüsteten VLSI-Schaltungen und benutzt hierfür eine präzise, formal konsistente und illustrative Darstellung. Darauf aufbauend wird eine Fülle neuer Methoden vorgestellt, die eine wesentliche Beschleunigung des Testmustergenerierungs- und Fehlersimulationsprozesses zur Folge haben. Der erzielte Fortschritt gegenüber dem Stand der Technik wird anhand einer Reihe von vergleichenden Untersuchungen nachgewiesen.

Die vorliegende Arbeit entstand während meiner Tätigkeit als wissenschaftlicher Mitarbeiter am Lehrstuhl für Rechnergestütztes Entwerfen der Technischen Universität München.

Mein ganz besonderer Dank gilt dem Lehrstuhlinhaber, Prof. Dr.-Ing. K. Antreich, für die Möglichkeit zur Durchführung dieser Arbeit, für seine fortwährende Unterstützung und für die zahlreichen Diskussionen, aus denen sich viele wertvolle Anregungen ergaben. Herrn Prof. Dr.-Ing. R. Saal danke ich für die Übernahme des Zweitreferates und das damit bekundete Interesse an dieser Arbeit.

Darüber hinaus möchte ich allen meinen Kollegen am Lehrstuhl für Rechnergestütztes Entwerfen, insbesondere aber der Forschungsgruppe „Testvorbereitung", Dipl.-Ing. E. Auth, Dipl.-Ing. T. Krodel, Dipl.-Ing. D. Pellkofer und Dipl.-Ing. B. Seiß, für ihre stetige Unterstützung und die anregenden Diskussionen danken. Sie trugen ebenso wie die Mitarbeit aller meiner Diplomanden wesentlich zum Gelingen dieser Arbeit bei. Frau S. Ömürbek danke ich für die sorgfältige Ausführung zahlreicher Zeichenarbeiten und für die von ihr aufgebrachte Geduld.

Mein Dank gilt ferner Dipl.-Ing. E. Trischler und Dipl.-Ing. T. Sarfert von der Siemens AG, München, für die zu jeder Zeit erfreuliche Zusammenarbeit, die interessanten Diskussionen und die sich daraus ergebenden Anregungen, die diese Arbeit erheblich bereicherten. Abschließend danke ich Dr. F. Brglez von Bell Northern Research für seine fortwährende Kooperationsbereitschaft und die in gemeinsamen Veröffentlichungen von ihm eingebrachten Beiträge.

München, im Mai 1988 Michael H. Schulz

Inhaltsverzeichnis

1. Einleitung

Die Fortschritte der Mikroelektronik haben sich in den vergangenen Jahren in einer ständig steigenden Integrationsdichte und Komplexität digitaler Schaltungen niedergeschlagen. Aus diesem Grund ist der umfassende und durchgängige Einsatz von Rechnerunterstützung zur unabdingbaren Voraussetzung für den Entwurf fehlerfrei funktionierender elektronischer Systeme (Correctness by Construction, [Hörb86]) geworden. Die Gesamtaufgabe des rechnergestützten Entwurfs (Computer-Aided Design, CAD) hochkomplexer integrierter Schaltungen läßt sich in folgende Teilaufgaben untergliedern:

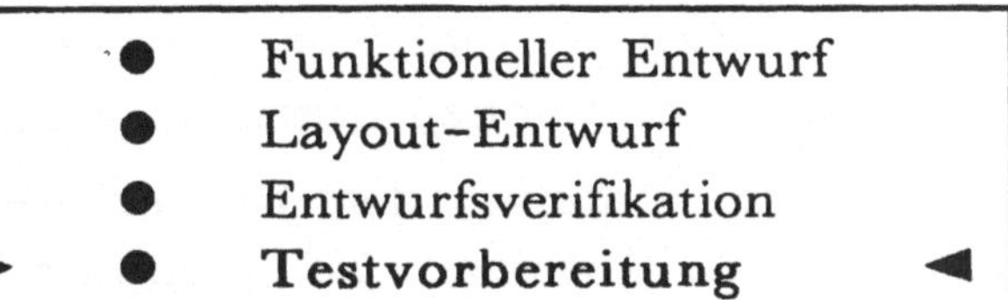

- Funktioneller Entwurf
- Layout-Entwurf
- Entwurfsverifikation
- ► **Testvorbereitung** ◄

Zur Bearbeitung jeder der genannten Aufgabenstellungen werden leistungsfähige CAD-Werkzeuge benötigt, die es erlauben, für komplexe Probleme qualitativ hochwertige Lösungen mit wirtschaftlich vertretbarem Aufwand zu erzielen.

Die steigende Komplexität digitaler Schaltungen und die begrenzte Zahl der extern zugänglichen Schaltungsanschlüsse haben dazu geführt, daß der Aufwand zur Testvorbereitung und Testdurchführung die Entwicklungs- und Herstellungskosten von integrierten Schaltungen in zunehmenden Maße beeinflußt [Seth85a]. Aus diesem Grund kommt dem Gebiet der Testvorbereitung ständig wachsende Bedeutung zu. In seinem Rahmen genießen die folgenden Aufgabenstellungen besonderes Interesse:

- Testfreundlicher Entwurf
- ► **Testbarkeitsanalyse** ◄
- ► **Automatische Testmustergenerierung** ◄
- ► **Fehlersimulation** ◄
- Aufbereitung der Daten zur Testdurchführung

Um den Aufwand zur Testmustergenerierung und Fehlersimulation in wirtschaftlich vertretbaren Grenzen zu halten, ist es erforderlich, bereits im Entwurfsstadium digitaler Schaltungen den Testbarkeitsaspekt zu berücksichtigen. Deshalb werden immer häufiger testfreundliche Entwurfsmethoden (DFT, Design For Testability) eingesetzt, die sequentielle Schaltungen zu Testzwecken in kombinatorische Schaltungen umwandeln [McCl86]. Die wohl bekanntesten Methoden dieser Art sind das Scan-Path-Prinzip [Will73] und die Level-Sensitive-Scan-Design-Technik [EiWi77]. Durch diese Vorgehensweise wird das Testproblem sequentieller Schaltungen auf das Testproblem kombinatorischer Schaltungen zurückgeführt. Jedoch selbst für kombinatorische Schaltungen sind die automatische Testmustergenerierung und die Fehlersimulation mit erheblichem Aufwand verbunden, wenn Schaltungen mit mehreren zehntausend Gatterfunktionen zugrunde gelegt werden.

Unter den einzelnen im Rahmen der Testvorbereitung anfallenden Aufgabenstellungen sind die automatische Testmustergenerierung und die Fehlersimulation von zentraler Bedeutung, da nur mit ihrer Hilfe qualitativ hochwertige Testsätze für hochintegrierte Schaltungen der Mikroelektronik erstellt und bewertet werden können. Folglich ist es besonders wichtig, neue Algorithmen und Verfahren zu entwickeln, die eine kostensparende Durchführung der automatischen Testmustergenerierung und der Fehlersimulation ermöglichen und gleichzeitig auf die Bewältigung möglichst hoher Schaltungskomplexitäten zielen.

Großen Einfluß auf die Genauigkeit und die Vollständigkeit der im Rahmen der Testvorbereitung erzeugten Testdaten besitzt die für die Bearbeitung der verschiedenen Aufgabenstellungen gewählte Beschreibungsebene der Schaltung. Je genauer die zugrundegelegte Beschreibung der Schaltung ist, desto exakter können die verschiedenen Fehlermechanismen modelliert werden und desto vollständiger sind die für die Testdurchführung bereitgestellten Testdaten. Auf der anderen Seite steigt mit dem zunehmenden Detaillierungsgrad der Schaltungsbeschreibung auch der zur Lösung der einzelnen Problemstellungen benötigte Aufwand. Die gebräuchlichsten Beschreibungsebenen digitaler Schaltungen sind nachstehend aufgeführt:

	● Ebene der Verhaltensbeschreibung	
	● Register-Transfer-Ebene	
	● Funktionsblockebene	
►	● **Gatterebene**	◄
	● Transistorebene	
	● Technologieebene	

Die vorliegende Arbeit bezieht sich mit all ihren Ausführungen und insbesondere den eingebrachten Vorschlägen zur Beschleunigung der automatischen Testmustergenerierung und der Fehlersimulation auf die Gatterebene, die einen guten Kompromiß zwischen der Qualität der erzeugten Testdaten und dem zu ihrer Erstellung benötigten Aufwand bietet.

1.1. Allgemeine Aufgaben der Testvorbereitung

Die beim Entwurf und der Herstellung mikroelektronischer Schaltungen auftretenden Fehler lassen sich in

- **Entwurfsfehler** und
- **Fertigungsfehler**

klassifizieren [Hörb86]. Die Erkennung von Entwurfsfehlern ist Aufgabe der Logikverifikation. Da der Logikentwurf die Grundlage der Testvorbereitung bildet und auf dieser wiederum die Testdurchführung basiert, können im Rahmen der Testvorbereitung und der Testdurchführung in der Regel nur Fertigungsfehler, jedoch keine Entwurfsfehler detektiert werden.

Die Fertigungsfehler werden durch Verunreinigungen in der Prozeßlinie oder durch sonstige Prozeßschwächen verursacht und sind i.a. statistisch auf dem Wafer verstreut. Entsprechend ihren Auswirkungen können sie weiter unterteilt werden in

- **parametrische** Fehler,
- **statische** Fehler und
- **dynamische** Fehler.

Die parametrischen Fehler, wie Strom- und Spannungsabweichungen, falsches Tristate-Verhalten, verminderte Treiberstärke der Ausgangstreiber und überhöhte Leckströme der Ein- und Ausgangstreiber, können meist ohne die Zuhilfenahme von CAD-Verfahren durch relativ einfache Strom- und Spannungsmessungen erfaßt werden. Um die rechnergestützte Behandlung der verschiedenen statischen und dynamischen Fehler zu ermöglichen, werden sogenannte **Fehlermodelle** eingeführt, die die in der Praxis auftretenden Fehlermechanismen entsprechend ihren Auswirkungen mehr oder weniger genau beschreiben.

Die grundsätzliche Aufgabe der Testvorbereitung und der Testdurchführung besteht darin, einen hohen Qualitätsstandard der gefertigten und ausgelieferten Produkte zu gewährleisten. Dazu muß während der Testvorbereitung sichergestellt werden, daß die generierten Testdaten die vorhandenen Fertigungsfehler möglichst vollständig abdecken und somit fehlerhafte Chips während der Testdurchführung auch als solche erkannt werden können. Um dieses Ziel mit wirtschaftlich vertretbarem Aufwand zu erreichen, sind eine Reihe meist konkurrierender Nebenbedingungen zu beachten, wie z.B.

- Qualität bzw. Genauigkeit des Fehlermodells,
- Komplexität der zu lösenden Teilprobleme,
- Rechenzeit der zur Lösung dieser Teilprobleme eingesetzten Algorithmen,
- vollständige Fehlerüberdeckung und
- Länge des Testsatzes (⇒ Kosten der Testdurchführung).

1.2. Fehlermodelle

Das wohl bekannteste und am weitesten verbreitete Fehlermodell ist das **einfache Ständigfehlermodell** (*stuck-at-0/stuck-at-1*-Fehlermodell). Eine Reihe von praktischen Untersuchungen hat gezeigt, daß sich eine Vielzahl der bei der Fertigung mikroelektronischer Schaltungen auftretenden Fehlerarten in ihrer Auswirkung auf das einfache Ständigfehlermodell abbilden lassen. Das einfache Ständigfehlermodell repräsentiert somit das typische Fehlermodell zur Modellierung statischer Fehler.

Die Einführung der CMOS-Technologie und ihre zunehmende Verbreitung haben die Entwicklung neuer Fehlermodelle erforderlich gemacht. Während sich Unterbrechungsfehler bei bipolaren Schaltungen wie *stuck-at-0-* oder *stuck-at-1-*Fehler auswirken, können sie bei Schaltungen in CMOS-Technologie ein spezifisches sequentielles Verhalten der Schaltung verursachen. Um diese Tatsache in geeigneter Weise in die Testvorbereitung einbeziehen zu können, wurde das einfache **stuck-open-Fehlermodell** eingeführt. Weitere CMOS-spezifische Fehlermechanismen werden u.a. durch das *stuck-on-*Fehlermodell und die Berücksichtigung von Effekten, die aus Umverteilungen elektrischer Ladungen (z.B. *charge sharing*) entstehen, abgedeckt.

Mit der zunehmenden Betriebsfrequenz und der steigenden Operationsgeschwindigkeit digitaler Schaltungen hat der dynamische Test, d.h. der Test auf Einhaltung der Laufzeitbedingungen erheblich an Bedeutung gewonnen. Das Ziel des dynamischen Tests ist es sicherzustellen, daß sich Signalwechsel an den Schaltungseingängen und den Ausgängen speichernder Elemente innerhalb der durch die Schaltungsspezifikation und die Taktfrequenz vorgegebenen Laufzeitschranken zu den Schaltungsausgängen und den Eingängen speichernder Elemente fortpflanzen. Um die möglichen dynamischen Fehler, die auch als Verzögerungsfehler (*delay faults*) bezeichnet werden, umfassend modellieren zu können, werden lokale und globale Übergangsfehlermodelle benötigt.

Das **lokale Übergangsfehlermodell**, das in der englischen Literatur unter dem Namen *transition fault model* bekannt geworden ist [Barz83, Brgl85b], berücksichtigt Übergangs- bzw. Verzögerungsfehler an den einzelnen Ein- und Ausgangssignalen der in der Schaltung enthaltenen Gatter. Dadurch ermöglicht es die Erkennung von groben lokalen Verzögerungsfehlern, die allein für das zeitliche Fehlverhalten der Schaltung verantwortlich sind. Unter groben lokalen Übergangsfehlern werden dabei entweder gar nicht oder stark verspätet stattfindende Signalwechsel vom logischen Wert 0 zum logischen Wert 1 bzw. vom logischen Wert 1 zum logischen Wert 0 verstanden. Dementsprechend werden die beiden Fehler, die das lokale Übergangsfehlermodell an jedem beliebigen Signal a einer Schaltung in Betracht zieht, mit „Signal a *not-rising*" bzw. „Signal a *slow-to-rise*" und mit „Signal a *not-falling*" bzw. „Signal a *slow-to-fall*" bezeichnet. Ein besonders interessanter Gesichtspunkt dieses Fehlermodells in Zusammenhang mit CMOS-

Schaltungen und den oben erwähnten *stuck-open*-Fehlern besteht darin, daß mit seiner Hilfe die meisten der auf der Transistorebene definierten *stuck-open*-Fehler auf die Gatterebene abgebildet werden können. Diese Abbildung der *stuck-open*-Fehler auf die Gatterebene vereinfacht ihre algorithmische Behandlung im Rahmen der Testvorbereitung erheblich.

Das **globale Übergangsfehlermodell** ermöglicht die Berücksichtigung von Verzögerungsfehlern auf Pfaden, die aus mehr als einem Signal bestehen. Es wird deshalb häufig auch als Pfadverzögerungsfehlermodell (*path delay fault model*) bezeichnet [Smith85]. Mit seiner Hilfe können diejenigen Fehlerfälle abgedeckt werden, in denen alle einzelnen Signale die für einen Signalwechsel vorgegebenen Zeitschranken einhalten, jedoch die Summe der Schaltzeiten aller Signale auf dem zu testenden Pfäd größer als die durch die Schaltungsspezifikation und die Betriebsfrequenz festgelegte Gesamtschaltzeit ist.

Neben den angesprochenen Fehlermodellen wird in der Literatur häufig das Kurzschlußfehlermodell (z.B. zur Modellierung von Überbrückungsfehlern, *bridging faults*) diskutiert. Darüber hinaus kann eine Erweiterung der genannten Fehlermodelle vorgenommen werden, indem die Einzelfehlerannahme weggelassen wird und das gleichzeitige Auftreten mehrerer Fehler zugelassen wird (Mehrfachfehlermodelle).

1.3. Spezielle Aufgabenstellungen der Testvorbereitung

Da sich die vorliegende Arbeit mit den Aufgabenstellungen der automatischen Testmustergenerierung, der Fehlersimulation und -am Rande- der Testbarkeitsanalyse für digitale Schaltungen befaßt, sollen diese drei typischen Aufgabenstellungen der Testvorbereitung nun etwas genauer vorgestellt werden.

1.3.1. Automatische Testmustergenerierung

Die automatische Testmustergenerierung ist eine Syntheseaufgabe und stellt somit das schwierigste der im Rahmen der Testvorbereitung zu lösenden Probleme dar. Sie kann folgendermaßen formuliert werden:

Gegeben: Fehlermodell,
fehlerfreies Schaltungsmodell S und
fehlerbehaftetes Schaltungsmodell S(f).

Gesucht: Testsatz X, so daß der Fehlerüberdeckungsgrad γ möglichst groß ist, d.h. im optimalen Fall $\gamma = 100\,\%$.

Ausgehend von einem Fehlermodell, einem fehlerfreien Schaltungsmodell S und einem (entsprechend dem Fehlermodell) fehlerbehafteten Schaltungsmodell S(f) soll ein gewöhnlich aus mehreren Testmustern bestehender Testsatz X generiert werden, mit dessen Hilfe alle modellierten Fehler f erkannt werden können. Das Ziel ist es also, mit dem generierten Testsatz den größtmöglichen Fehlerüberdeckungsgrad γ zu erreichen, wobei γ entsprechend Gl. (1) definiert ist.

$$\gamma = \frac{\text{Zahl der erkannten Fehler}}{\text{Zahl der modellierten Fehler}} \tag{1}$$

1.3.2. Fehlersimulation und Testsatzbewertung

Die Fehlersimulation und die Testsatzbewertung sind typische Analyseaufgaben und können folgendermaßen charakterisiert werden:

<u>Fehlersimulation</u>

Gegeben: Fehlermodell,
fehlerfreies Schaltungsmodell S,
fehlerbehaftetes Schaltungsmodell S(f) und
Testsatz X.

Gesucht: der mit X erreichbare Fehlerüberdeckungsgrad γ,
Menge der von X erkannten Fehler.

Testsatzbewertung

Gegeben: Fehlermodell,
fehlerfreies Schaltungsmodell S,
fehlerbehaftetes Schaltungsmodell S(f) und
Testsatz X.

Gesucht: Schätzwert für den mit X erreichbaren
Fehlerüberdeckungsgrad γ, Menge der
von X „vermutlich" erkannten Fehler.

Die Aufgabenstellungen der Fehlersimulation und der Testsatzbewertung sind einander sehr ähnlich und dienen beide zur Bewertung der Qualität eines vorgegebenen Testsatzes in Bezug auf das zugrundegelegte Fehlermodell. Während die Fehlersimulation die exakte Berechnung des Fehlerüberdeckungsgrades γ und der Menge der von X erkannten Fehler ermöglicht, liefert die Testsatzbewertung nur Schätz- bzw. Näherungswerte. Ihre Zielsetzung besteht darin, möglichst gute Abschätzungen mit einem im Vergleich zur Fehlersimulation erheblich reduzierten Aufwand zu berechnen.

Die Fehlersimulation und die Testsatzbewertung werden im Rahmen der Testvorbereitung zur Bearbeitung der unterschiedlichsten Aufgabenstellungen eingesetzt und sind insbesondere im Hinblick auf eine rechenzeitsparende Durchführung der automatischen Testmustergenerierung von entscheidender Bedeutung. Da ein Testmuster gewöhnlich die Erkennung mehrerer Fehler ermöglicht, ist es vorteilhaft, diese Fehler jeweils nach der Generierung eines Testmusters mit Hilfe einer Fehlersimulation zu bestimmen. Für diese nachgewiesenermaßen erkannten Fehler muß die automatische Testmustergenerierung offensichtlich nicht mehr explizit durchgeführt werden, so daß der Gesamtaufwand zur automatischen Testmustergenerierung erheblich reduziert wird. Die Testsatzbewertung kann in diesem Zusammenhang zur rechenzeitsparenden Berechnung erster Abschätzungen für den mit den generierten Testmustern erzielbaren Fehlerüberdeckungsgrad verwendet werden.

1.3.3. Testbarkeitsanalyse

Die Testbarkeitsanalyse ist ebenso wie die Fehlersimulation und die Testsatzbewertung eine Analyseaufgabe. Sie kann folgendermaßen beschrieben werden:

Gegeben:	fehlerfreies Schaltungsmodell S (u.U. Fehlermodell und fehlerbehaftetes Schaltungsmodell S(f)).
Gesucht:	Maßzahlen (sog. Testbarkeitsmaße) für die Einstellbarkeit und die Beobachtbarkeit der einzelnen Signale der Schaltung S (u.U. auch Maßzahlen für die Erkennbarkeit der einzelnen Fehler f).

Die Aufgabe der Testbarkeitsanalyse ist es, Maßzahlen für die Einstellbarkeit (*controllability*) und die Beobachtbarkeit (*observability*) der Signale einer gegebenen Schaltung S mit geringem Aufwand zu berechnen. Diese Maßzahlen werden als Testbarkeitsmaße bezeichnet. Darüber hinaus werden häufig auch Maßzahlen bereitgestellt, die Auskunft über die Erkennbarkeit der modellierten Fehler geben sollen.

Ähnlich zur Fehlersimulation und zur Testsatzbewertung stellt die Unterstützung der automatischen Testmustergenerierung eines der wichtigsten Anwendungsgebiete der Testbarkeitsanalyseverfahren dar. Die von ihnen berechneten Testbarkeitsmaße können zur Steuerung und Beschleunigung des im Rahmen der automatischen Testmustergenerierung zu vollziehenden Entscheidungsprozesses benutzt werden und tragen auf diese Weise ebenfalls zu einer Aufwandsverringerung bei.

1.4. Testfreundliche Entwurfsmethoden

Um den Aufwand zur Testvorbereitung in vernünftigen und wirtschaftlich vertretbaren Grenzen zu halten, werden testfreundliche Entwurfsmethoden eingesetzt, die sequentielle Schaltungen zu Testzwecken in kombinatorische Schaltungen umwandeln. Mit ihrer Hilfe wird somit das Testproblem sequentieller Schaltungen auf das Testproblem kombinatorischer Schaltungen zurückgeführt. Die bekanntesten dieser *Design for Testability*-Entwurfsmethoden sind die **Scan-Path**-Methode [Will73], das Prinzip des **Level-Sensitive-Scan-Design** (LSSD) [EiWi77] und die **Random-Access-Scan**-Technik [Ando80].

Bild 1.1 veranschaulicht die Einführung und die Funktionsweise des *Scan-Path*, der auch als Prüfbus bezeichnet wird, stellvertretend für die restlichen der genannten testfreundlichen Entwurfsmethoden. Um den *Scan-Path* in eine gegebene sequentielle Bausteinstruktur zu integrieren (Bild 1.1a), werden alle speichernden Elemente so erweitert, daß sie in einem speziellen Betriebsmodus zusammengeschaltet werden können und als Schieberegister arbeiten (Bild 1.1b). Bild 1.2 zeigt eine mögliche Variante für eine Grundzelle des *Scan-Path*, die einen vollständig synchronen Entwurf der Schaltung voraussetzt. Die Erweiterungen, die notwendig sind, um ein D-Flipflop als Grundzelle des *Scan-Path* verwenden zu können, bestehen zum einen aus einem Multiplexer, der vor den Dateneingang des D-Flipflops geschaltet ist, und zum anderen aus zwei zusätzlichen Eingängen. Der erste dieser beiden Eingänge ist mit SCANIN bezeichnet und wird benötigt, um die erwähnte Zusammenschaltung aller speichernden Elemente zu einem Schieberegister zu ermöglichen. Diese Zusammenschaltung erfolgt, indem die SCANOUT- und SCANIN-Anschlüsse aufeinanderfolgender speichernder Elemente miteinander verbunden werden. Der SCANIN-Anschluß des ersten und der SCANOUT-Anschluß des letzten Elementes der dadurch entstandenen Kette müssen aus der Schaltung nach außen geführt werden und erfordern demnach zwei zusätzliche externe Schaltungsanschlüsse (Pins). Der zweite neu hinzugekommene Flipflop-Eingang, der TESTMODE-Eingang, fungiert als der Selektionseingang des Multiplexers und bestimmt somit, ob die Schaltung in ihrem normalen Betriebsmodus arbeitet (TESTMODE = 0) oder ob die Kette der speichernden Elemente ein Schieberegister bilden soll (TESTMODE = 1). Da das TESTMODE-Signal ebenfalls extern zugänglich sein muß, macht die Verwendung der *Scan-Path*-Methode insgesamt drei zusätzliche externe Schaltungsanschlüsse erforderlich. Erwähnt sei noch, daß der Flipflop-Ausgang aufgrund der Verwendung des angesprochenen Multiplexers und der zeitlichen Trennung zwischen Betriebs und Schiebemodus mit einer Doppelfunktion belegt werden kann. Während er im Schiebemodus die Verbindung zum nächsten Element des Schieberegisters (SCANOUT) herstellt, fungiert er im Betriebsmodus als normaler Datenausgang (DATOUT), der die nachfolgende Logik speist.

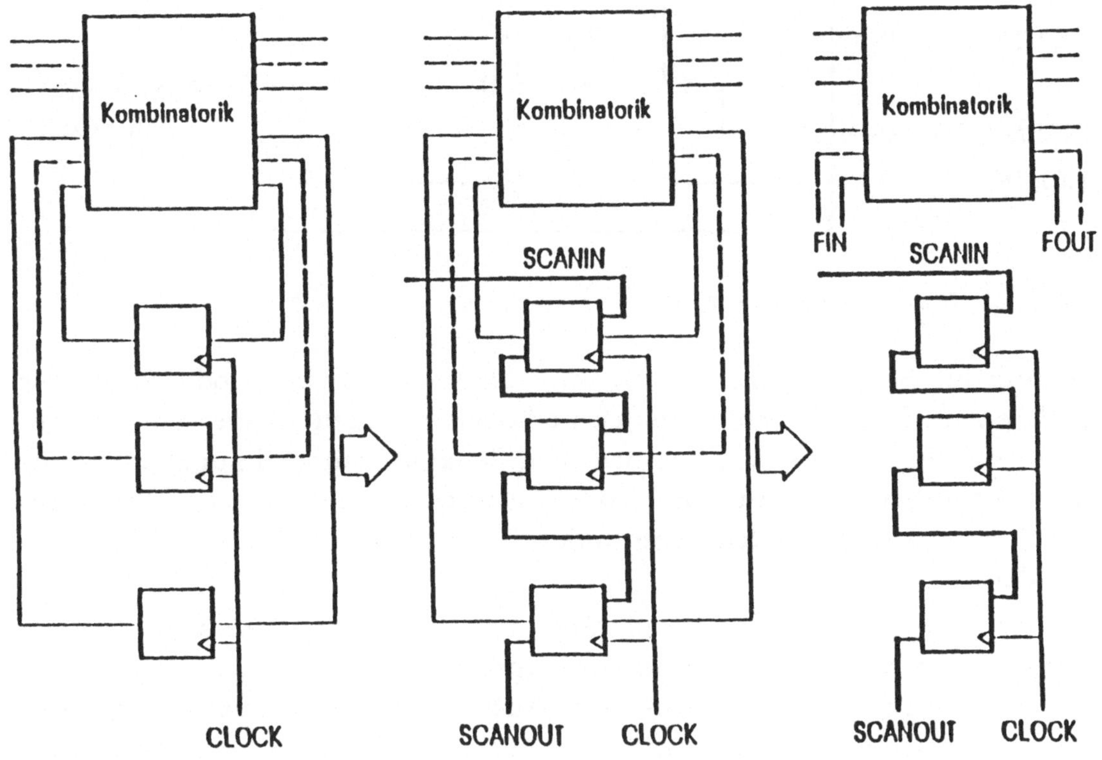

a.) Sequentielle Bausteinstruktur b.) Einführung des *Scan-Path* c.) System unter Test

Bild 1.1: Einführung und Funktionsweise des *Scan-Path*

Bild 1.1c illustriert die durch die Einführung des *Scan-Path* entstandene Modellierung der Schaltung für die Testvorbereitung. Aufgrund der durch den *Scan-Path* ermöglichten Trennung zwischen normalem Betriebsmodus und Schiebemodus kann im Rahmen der Testvorbereitung jeder Flipflop-Ausgang als ein einstellbarer Schaltungseingang und jeder Flipflop-Eingang als ein beobachtbarer Schaltungsausgang betrachtet werden. Dies ist im Bild 1.1c mit FIN (*Fictive INput*) und FOUT (*Fictive OUTput*) angedeutet. Alle Testmustergeneratoren, Fehlersimulatoren und Testbarkeitsanalysemethoden, die im Rahmen der Testvorbe-

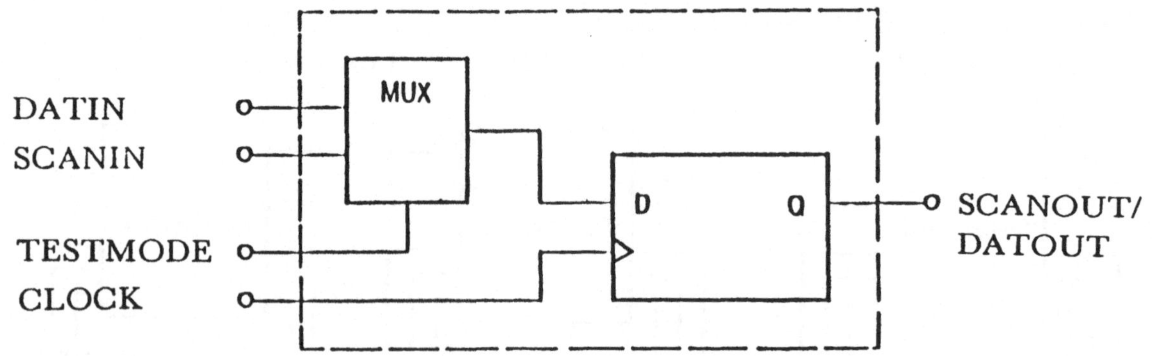

Bild 1.2: *Scan-Path*-Grundzelle

reitung für Schaltungen, die auf dem *Scan-Path*-Prinzip oder einer der anderen testfreundlichen Entwurfsmethoden beruhen, eingesetzt werden, legen das durch Bild 1.1c beschriebene Schaltungsmodell zugrunde. Für die Testvorbereitung ist damit das Testproblem sequentieller Schaltungen auf das Testproblem kombinatorischer Schaltungen zurückgeführt worden.

Die Durchführung des Tests einer mit dem *Scan-Path* ausgerüsteten Schaltung auf dem Testautomaten unterteilt sich in zwei Abschnitte. Zunächst wird durch das Ein- und Ausschieben verschiedener Bitfolgen die speichernde Wirkung und die korrekte Funktion des *Scan-Path* überprüft. Hierbei ist der TESTMODE-Pin dauernd mit „1" belegt. Anschließend erfolgt die Überprüfung der kombinatorischen Logik. Hierfür werden i.a. Testmuster verwendet, die von einem Testmustergenerator erzeugt worden sind. Ein Prüfzyklus hat dabei folgenden Ablauf:

- Ein Testmuster wird in die durch TESTMODE = 1 als Schieberegister geschalteten Flipflops eingeschoben und die externen Schaltungseingänge werden stimuliert.
- Im Betriebsmodus (TESTMODE = 0) wird die Antwort der kombinatorischen Logik im eingeschwungenen Zustand durch das Anlegen eines Taktimpulses in den *Scan-Path* übernommen.
- Die im *Scan-Path* gespeicherte Antwort der kombinatorischen Logik wird unter TESTMODE = 1 ausgeschoben und mit den Sollwerten verglichen.

1.5. Stand der Technik

Die Komplexitäten der Aufgabenstellungen der automatischen Testmustergenerierung und der Fehlersimulation legen es nahe, sich auf **Einfachfehlermodelle** zu beschränken. Die meisten der in den letzten Jahren publizierten Verfahren beziehen sich auf das **einfache Ständigfehlermodell** und neuerdings auch auf das einfache lokale Übergangsfehlermodell (*single transition fault model*), das zunehmende Bedeutung erlangt hat.

Das Problem der **automatischen Testmustergenerierung** in kombinatorischen Schaltungen ist mit dem von Roth bereits im Jahr 1966 vorgestellten **D-Algorithmus** prinzipiell gelöst worden [Roth66, Roth80]. Weitere Verbesserungen sowie die Entwicklung neuer intelligenterer Strategien sind jedoch zur unabdingbaren Notwendigkeit geworden, um die ständig steigenden Komplexitäten digitaler Schaltungen auch in einer Workstation-Umgebung bewältigen zu können.

Die überwiegende Mehrzahl der in der Literatur beschriebenen und industriell eingesetzten Testmustergenerierungssysteme führt die automatische Testmustergenerierung in zwei oder auch mehr Phasen durch. Die Zielsetzungen in den beiden Phasen sind grundlegend unterschiedlich. Während in der ersten Phase versucht wird, mit geringem Aufwand Testmuster für möglichst viele der in der Schaltung modellierten Fehler zu generieren, wird in der zweiten Phase eine gezielte Generierung für die während der ersten Phase unerkannt gebliebenen Fehler durchgeführt. Hierfür wird in der Regel erheblich mehr Aufwand als für die erste Phase benötigt und auch zur Verfügung gestellt. Unter Aufwand können dabei Rechenzeit und Speicherplatz, aber auch die Zahl der generierten Testmuster verstanden werden. Die unterschiedlichen Zielsetzungen in den beiden Phasen erfordern unterschiedliche Algorithmen. In der ersten Phase finden sehr häufig fehlerunabhängige und rechenzeitsparende Algorithmen Anwendung. Dagegen werden in der zweiten Phase Verfahren benötigt, die fehlerbezogen arbeiten und Testmuster für bestimmte, vorab ausgewählte Zielfehler (*target faults*) generieren.

Typische Repräsentanten für Verfahren, die in der ersten Phase der automatischen Testmustergenerierung verwendet werden, sind die Zufallsmustergenerierung, **RAPS** (*RAndom Path Sensitization*, [Goel78, Benn84]), **GIPS** (*Guided Inconsistent Path Sensitization*, [Tris85]), die

Fächergenerierung im System GEIST der Firma Siemens [Joha83], der **SMART**-Algorithmus (*Sensitizing Method for Algorithmic Random Testing*, [Abra85a, Abra85b, Abra86]) im System LAMP2 von AT&T und der **indizierte D-Algorithmus** (*subscripted D-algorithm*, [Benm83a, Benm83b, McDo83]). Alle genannten Verfahren (mit Ausnahme der Zufallsmustergenerierung) verfolgen die Strategie, eine möglichst große Zahl sensibler Pfade zwischen den Primärausgängen und den Primäreingängen einer Schaltung aufzubauen. Dadurch soll die Zahl der Fehler, die pro generiertem Testmuster erkannt werden, maximiert werden, so daß mit einer geringen Zahl von Testmustern ein hoher Fehlerüberdeckungsgrad erzielt werden kann.

Der bereits erwähnte D-Algorithmus [Roth66, Roth80] stellt das wohl bekannteste der in der zweiten Phase der automatischen Testmustergenerierung eingesetzten Verfahren dar. **PODEM** (*Path-Oriented DEcision Making*, [Goel81a, Goel81b]) wurde mit dem Ziel entwickelt, die Unzulänglichkeiten des D-Algorithmus, die in besonderem Maße bei Schaltungen mit rekonvergenten, aus EXKLUSIV-ODER (XOR)-Gattern bestehenden Strukturen zu Tage treten, zu beheben. Der im Jahr 1983 von Fujiwara vorgestellte **FAN**-Algorithmus (*FANout-oriented test pattern generation algorithm*, [Fuji83, Fuji85a, Fuji85b]) stellt eine weitere wesentliche Verbesserung gegenüber dem D-Algorithmus und PODEM dar. Er unterscheidet sich von diesen Algorithmen durch die Anwendung intelligenter Strategien, die eine erhebliche Beschleunigung des Testmustergenerierungsprozesses zur Folge haben. Der deterministische Testmustergenerierungsalgorithmus des automatischen Testmustergenerierungssystems **SOCRATES** (*Structure Oriented Cost Reducing Automatic TESt pattern generation system*, [Schu87b, Schu88, SzAu88]) enthält zahlreiche neue Techniken sowie weitere Verbesserungen der Konzepte des FAN-Algorithmus, auf deren Grundlage er entwickelt worden ist. Mit seiner Hilfe kann die automatische Testmustergenerierung für kombinatorische Schaltungen hoher Komplexität selbst auf Minirechnern und Workstations in äußerst effizienter Weise durchgeführt werden.

Der D-Algorithmus, PODEM, FAN und der deterministische Testmustergenerierungsalgorithmus in SOCRATES basieren auf dem 5-wertigen Modell, das bekanntlich die Werte 0, 1, X, D und $\overline{D}$ umfaßt. Darüber hinaus sind in der Literatur auch mehrwertige Testmustergenerierungsalgorithmen beschrieben worden. Die Grundidee der 9-**wertigen Verfahren** wurde von Muth im Rahmen einer Dissertation bereits im Jahr 1975 publiziert [Muth75]. Sie wurde später von einigen Wissenschaftlern aufgegriffen, modifiziert und teilweise weiterentwickelt [Cha78, Kawa85, Mura80, Mura85]. Ein **10-wertiger Algorithmus** entstand durch die Hinzunahme eines Wertes, mit dessen Hilfe Verbesserungen speziell bei der Behandlung von Schaltungen mit EXKLUSIV-ODER-Gattern angestrebt werden [Taka85]. Durch die Einführung der zusätzlichen Werte können den einzelnen Signalen einer Schaltung genauer spezifizierte Werte zugewiesen werden, als dies bei der Verwendung des 5-wertigen Modells möglich ist. Die Einschränkungen, die den Signalen in Form von festen Wertzuweisungen auferlegt werden, sind demzufolge geringer und die Freiheitsgrade größer. Aus diesem Grund kann das fehlerbehaftete Schaltungsmodell genauer vom fehlerfreien unterschieden werden. Infolgedessen unterstützen die mehrwertigen Verfahren insbesondere die Testmustergenerierung für solche Fehler, zu deren Erkennung eine Mehrfachpfadsensibilisierung durchgeführt werden muß, wesentlich besser als die Mehrzahl der 5-wertigen Verfahren. Darüber hinaus ermöglichen sie eine korrekte Modellierung des mehrfachen Auftretens eines Fehlers, wie es bei sequentiellen Schaltungen vorgenommen werden muß.

Zur Bearbeitung der Aufgabenstellung der **Fehlersimulation** wurden zunächst verschiedene grundsätzliche Strategien in der Literatur vorgeschlagen und vergleichend gegenübergestellt [ChCh74, Goel80]. Basierend auf diesen Strategien, deren bekannteste Vertreter die **serielle**, die **parallele**, die **deduktive** und die **concurrent** Fehlersimulationsmethode sind [Arms72, UlBa73, Breu76], und auf der Grundlage einfacher Fehler- und Schaltungsmodelle wurden effiziente Simulationsverfahren für kombinatorische VLSI (*Very Large Scale Integration*)- Schaltungen entwickelt. Mit dem Ziel, einen rechenzeitsparenden Simulationsablauf zu gewährleisten, begnügen sich diese schnellen Fehlersimulationsverfahren mit einer zweiwertigen Simulation ohne Berücksichtigung des Zeitverhaltens.

Eine wesentliche Verbesserung der Methode der deduktiven Fehlersimulation [Arms72] wurde von Hong im Jahr 1978 veröffentlicht [Hong78]. Diesem Verfahrensvorschlag liegt die Idee zugrunde, die rechenzeitaufwendige Fehlersimulation auf die **Fanout-Stämme** zu beschränken und mit einer rechenzeitsparenden **Einfachpfadsensibilisierung** in den fanoutfreien Zonen der Schaltung zu kombinieren. Darauf aufbauend wurde in [Nish85] eine Verbesserung des Verfahrens der *concurrent* Fehlersimulation [UlBa73] vorgestellt. Ein interessanter Vorschlag zur Beschleunigung der Fehlersimulation in kombinatorischen Schaltungen durch Ausnutzung der Maschinenwortlänge und parallele Auswertung der binären Signalwerte wurde im Jahr 1985 in [KöSt85] und in [Waic85] unterbreitet. Dieses Verfahren ist allgemein unter dem Namen **PPSFP-Fehlersimulationsverfahren** bekannt geworden, wobei PPSFP die Abkürzung für *Parallel Pattern Single Fault Propagation* darstellt.

Ein neues, sehr effizientes Fehlersimulationsverfahren entstand durch die **Kombination** des Konzepts der PPSFP-Fehlersimulation mit der Idee, die Fehlersimulation auf die Fanout-Stämme zu beschränken [AnSz86a, AnSz86b, AnSz87a, AnSz87b]. Dabei wird die parallele Auswertung der binären Signalwerte nicht nur während der Gutsimulation und der Fehlersimulation der Fanout-Stämme, sondern in allen Verfahrensschritten und insbesondere während der Einfachpfadsensibilisierung in den fanoutfreien Zonen ausgenutzt. Eine weitere Beschleunigung wird durch verschiedene Strategien erreicht, die einerseits auf eine Verringerung der Zahl der Fanout-Stämme, für die eine Fehlersimulation explizit ausgeführt werden muß, zielen und andererseits strukturelle Merkmale der Schaltung in Betracht ziehen, um dadurch die Zahl der notwendigen Gatterauswertungen zu reduzieren.

Neben den verschiedenen Verfahren zur Fehlersimulation sind in den letzten Jahren mehrere Methoden zur **Testsatzbewertung** (approximative Fehlersimulation) in der Literatur beschrieben worden. Diese Verfahren wurden mit der Intention entwickelt, erhebliche Rechenzeitgewinne unter Inkaufnahme geringer Genauigkeitsverluste zu erzielen. Eine besonders rechenzeitsparende Methode wurde von Brglez et al. unter dem Namen **Fast Fault Grading** vorgestellt [Brgl84, Brgl85a, Brgl85c]. Durch die Anwendung der parallelen Signalauswertung in allen notwendigen Verfahrensschritten konnte es nochmals erheblich beschleunigt werden [AnSz86a, AnSz86b, AnSz87a]. Mit der Methode des **Critical Path Tracing** wird eine pessimistische Abschätzung des Fehlerüberdeckungsgrades garantiert [Abra83]. Darüber hinaus sind in diesem Zusammenhang **statistische** Testsatzbewertungsverfahren erwähnenswert [Agra81a, Jain84].

Allen erwähnten Verfahren zur automatischen Testmustergenerierung, Fehlersimulation und Testsatzbewertung liegt das einfache Ständigfehlermodell zugrunde. Die meisten dieser Methoden sind jedoch problemlos auf das einfache lokale Übergangsfehlermodell erweiterbar. So wurden beispielsweise in [SzBr87] die Erweiterung des Fehlersimulationsverfahrens aus [AnSz86a, AnSz86b, AnSz87a, AnSz87b] und die Erweiterung der Testsatzbewertungsmethode des *Fast Fault Grading* auf das einfache lokale Übergangsfehlermodell beschrieben. Darüber hinaus eignet sich auch das PPSFP-Verfahren zur Simulation lokaler Übergangsfehler [Köpp86, Waic86]. Analog zu den Fehlersimulations- und Testsatzbewertungsverfahren können die zitierten Testmustergenerierungsalgorithmen und -systeme, wie der D-Algorithmus, PODEM, FAN und SOCRATES, nach Anbringung geringfügiger Modifikationen ebenfalls zur Behandlung des einfachen lokalen Übergangsfehlermodells eingesetzt werden. Desweiteren sei an dieser Stelle noch auf verschiedene spezielle Ansätze zur automatischen Testmustergenerierung für *stuck-open*-Fehler in CMOS-Schaltungen hingewiesen (z.B. [ElZi81, Chan83, Basc84, Redd84, Leve86, Rajs86]).

Unter **Testbarkeitsanalyse** wird meist die approximative Bewertung der strukturellen Eigenschaften einer Schaltung mittels algorithmischer Verfahren verstanden. Dabei werden den einzelnen Signalen einer Schaltung eine oder mehrere Maßzahlen zugeordnet, die als Testbarkeitsmaße bezeichnet werden. Diese Testbarkeitsmaße beziehen sich zum einen auf die Einstellbarkeit (*controllability*) und zum anderen auf die Beobachtbarkeit (*observability*) des jeweiligen Signals. Generell kann man zwischen stochastischen und deterministischen Testbarkeitsanalyseverfahren unterscheiden. Beispiele für stochastische Testbarkeitsanalyseverfahren sind u.a. **COP** [Brgl83], **PREDICT** [Seth85b] und **PROTEST** [Wund85]. Der Klasse der deterministischen Testbarkeitsanalyseverfahren sind u.a. **SCOAP** [Gold80], **HECTOR** [Tris84] und das in [Abra85b, Abra86] beschriebene Verfahren zuzurechnen. Darüber hinaus sollen auch informationstheoretische Ansätze zur Testbarkeitsanalyse [Agra81b, Fung82] nicht unerwähnt bleiben.

Die meisten der genannten Verfahren ähneln einander stark in ihrer Vorgehensweise. Häufig wird die vereinfachende Annahme zugrunde gelegt, daß die zu bearbeitende Schaltung Baumstruktur aufweist und die Eingangssignale jedes beliebigen Gatters in der Schaltung somit paarweise voneinander unabhängig sind. Da dies i.a. nicht zutrifft, sind die berechneten Testbarkeitsmaße mit Ungenauigkeiten behaftet und stellen nur Näherungswerte für die tatsächlichen Einstellbarkeiten und Beobachtbarkeiten der Signale dar. Gleichzeitig vereinfacht sich die Berechnung der Testbarkeitsmaße durch die Verwendung dieser Annahme erheblich, so daß die von Testbarkeitsanalyseprogrammen benötigte Rechenzeit meist linear mit der Zahl der in der Schaltung enthaltenen Signale steigt. Die bereits erwähnten stochastischen Testbarkeitsanalyseverfahren PREDICT und PROTEST verzichten weitestgehend auf vereinfachende Annahmen und ermöglichen somit eine exakte Berechnung der Einstellbarkeiten aller Signale. Darüber hinaus wurde eine Erweiterung von PREDICT zur exakten Berechnung der Signalbeobachtbarkeiten in der Literatur vorgelegt [Seth86]. Die mit diesen Verfahren erzielten Verbesserungen bezüglich der Genauigkeit der Testbarkeitsmaße sind jedoch mit einem erheblichen Mehraufwand an Rechenzeit verbunden.

Das häufigste Anwendungsgebiet der Testbarkeitsmaße ist die Steuerung von Testmustergeneratoren. Mit ihrer Hilfe kann der bei der automatischen Testmustergenerierung zu vollziehende Entscheidungsprozeß unterstützt und beschleunigt werden [Tris84, Tris85]. Die stochastischen Testbarkeitsmaße können darüber hinaus zur Abschätzung der Testbarkeit einer Schaltung mit Zufallsmustern, der sogenannten Zufallsmustertestbarkeit (*random pattern testability*), verwendet werden [Brgl84, Wund85]. Durch die Kombination der stochastischen Testbarkeitsmaße mit einem der bekannten Optimierungsverfahren (z.B. *Hill Climbing*, Gradientenverfahren) entsteht die Möglichkeit, optimierte Signalwahrscheinlichkeiten für die Schaltungseingänge zu berechnen. Wird die Generierung der Zufallsmuster so gesteuert, daß die Auftrittswahrscheinlichkeiten der Werte 0 und 1 an den einzelnen Schaltungseingängen mit diesen optimierten Signalwahrscheinlichkeiten übereinstimmen, kann eine erhebliche Verbesserung der Zufallsmustertestbarkeit der Schaltung erzielt werden [Wund85, LiBr86]. Dies ist besonders im Hinblick auf den Selbsttest (*Built-In-Self-Test*, BIST) integrierter Schaltungen von Bedeutung. Durch die Berücksichtigung der Ergebnisse dieser Signalwahrscheinlichkeitsoptimierung beim Entwurf der linear rückgekoppelten Schieberegister, die im Rahmen des Selbsttests zur Erzeugung der Pseudozufallsmuster verwendet werden, können die benötigten Testlängen und damit die Selbsttestzeiten drastisch reduziert werden [Wund87].

Der Wunsch, mit Hilfe der Testbarkeitsmaße schon im Entwurfsstadium der Schaltung Hinweise auf schlecht testbare Schaltungsteile zu erhalten und dadurch die Unterstützung testfreundlicher Entwurfsstrategien zu ermöglichen, konnte von keinem der erwähnten Testbarkeitsanalyseverfahren in zufriedenstellender Weise erfüllt werden. Eine Ausnahme diesbezüglich stellt die erwähnte Möglichkeit dar, mit Hilfe der stochastischen Testbarkeitsmaße die Zufallsmustertestbarkeit einer Schaltung abzuschätzen.

1.6. Ziele der Arbeit

Diese Arbeit strebt das Ziel an, einen Beitrag auf den Forschungsgebieten der automatischen Testmustergenerierung und der schnellen Fehlersimulation für höchstintegrierte kombinatorische Schaltungen zu leisten. Dabei wird folgenden Gesichtspunkten besondere Bedeutung beigemessen:

- Klare Formulierung der Aufgabenstellungen anhand einer durchgängigen Problembeschreibung
- Darstellung und Analyse der Struktur kombinatorischer Schaltungen mittels gerichteter zyklenfreier Graphen
- Untersuchung von in der Literatur bekannten Methoden zur Fehlersimulation, zur Testsatzbewertung und zur automatischen Testmustergenerierung in kombinatorischen Schaltungen
- Ausarbeitung und Validierung von Vorschlägen und Konzepten zur erheblichen Verbesserung und Beschleunigung der bekannten Verfahren
- Entwicklung verbesserter und effizienterer Verfahren zur Fehlersimulation und zur Testsatzbewertung in kombinatorischen Schaltungen
- Entwicklung verbesserter und effizienterer Verfahren zur automatischen Testmustergenerierung in kombinatorischen Schaltungen

- Anwendung der neu entwickelten Testmustergenerierungsverfahren zur verbesserten Redundanzerkennung in kombinatorischen Schaltungen
- Implementierung der neuen Verfahren in Programmsysteme
- Nachweis der Leistungsfähigkeit der entwickelten Verfahren und Programmsysteme
- Gegenüberstellung mit aus der Literatur bekannten Methoden und vergleichende Untersuchungen zur Darstellung des Fortschrittes gegenüber dem Stand der Technik
- Bewältigung möglichst hoher Schaltungskomplexitäten
- Effiziente und kostensparende Einsetzbarkeit der entwickelten Programmsysteme für höchstintegrierte Schaltungen auch auf Minirechnern und Workstations
- Anwendung der Programmsysteme in einer industriellen Umgebung

Im Laufe der vorliegenden Arbeit entstanden 9 Vorveröffentlichungen [AnSz86a, AnSz86b, AnSz87a, AnSz87b, Schu87a, SzBr87, Schu87b, Schu88, SzAu88], das automatische Testmustergenerierungssystem SOCRATES, ein System zur schnellen Fehlersimulation und verschiedene Programme zur Testbarkeitsanalyse und Testbarkeitsabschätzung für kombinatorische Schaltungen. Alle entwickelten Verfahren sind sowohl auf das einfache Ständigfehlermodell als auch auf das einfache lokale Übergangsfehlermodell anwendbar und werden mittlerweile an verschiedenen Stellen in der Industrie eingesetzt.

2. Struktur kombinatorischer Schaltungen

Um die verschiedenen Problemstellungen und Lösungsvorschläge, die im Rahmen dieser Arbeit diskutiert und erarbeitet werden, exakter und gleichzeitig anschaulicher darstellen zu können, wird die Struktur kombinatorischer Schaltungen mit Hilfe gerichteter zyklenfreier Graphen beschrieben. Im einzelnen werden zwei unterschiedliche Strukturgraphen eingeführt und anhand dieser spezielle Strukturmerkmale kombinatorischer Schaltungen aufgezeigt.

2.1. Schaltung und Strukturgraph

In den Bildern 2.1 und 2.2 ist an einem einfachen Schaltungsbeispiel C veranschaulicht, wie die Struktur einer kombinatorischen Schaltung durch einen gerichteten zyklenfreien Graphen G = (V,E) beschrieben werden kann.

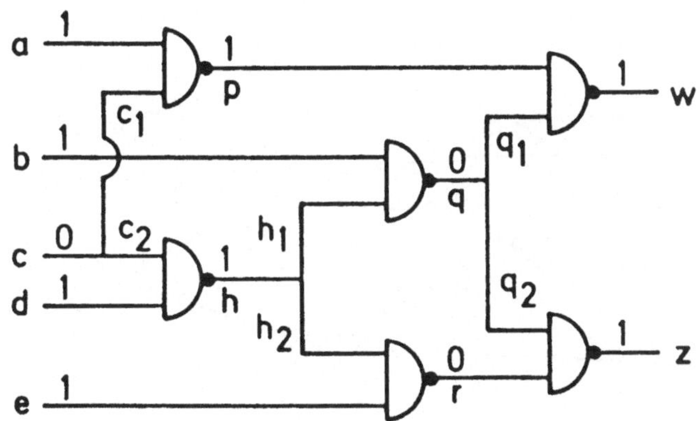

Bild 2.1: Schaltung C

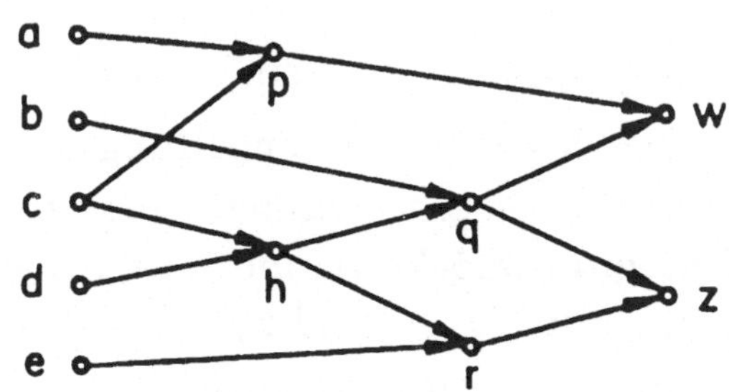

Bild 2.2: Strukturgraph G = (V,E)

In dem Knotenvektor V = (a,b,c,d,e,h,p,q,r,w,z) ist die Menge der Signale, nach Schaltungsebenen geordnet, zusammengefaßt. Mit $\hat{V}$ = (1,1,0,1,1,1,1,0,0,1,1) kann der im Bild 2.1 dargestellte binäre Belegungszustand der Signale ausgedrückt werden. Ferner lassen sich der Eingangssignalvektor V_I = (a,b,c,d,e), der Ausgangssignalvektor V_O = (w,z) und der Signalvektor der Fanout-Stämme V_F = (c,h,q) angeben. In der Menge E seien die gerichteten Kanten von G zusammengefaßt, E = { (a,p),(b,q),...,(p,w),...(r,z) }. Dabei gilt:

(p,w) ∈ E genau dann, wenn p Eingangssignal und w Ausgangssignal eines Gatters sind.

2.2. Zerlegung in fanoutfreie Zonen

Fügt man in G die Signale der Fanout-Zweige hinzu und entkoppelt diese von den Fanout-Stämmen, so erhält man den Strukturgraphen $G_\pi = (V_\pi, E_\pi)$.

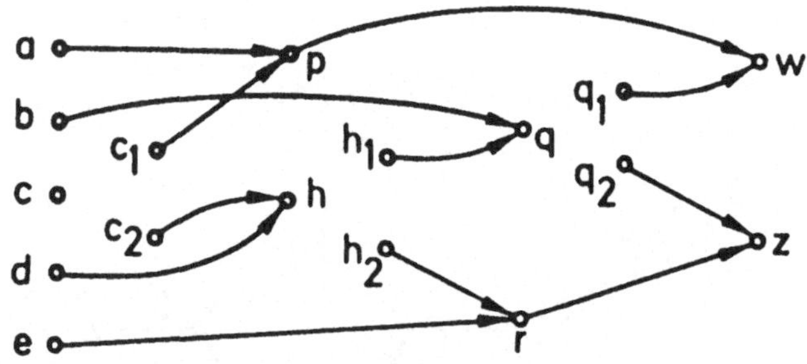

Bild 2.3: Strukturgraph $G_\pi = (V_\pi, E_\pi)$

G_π kann als eine Zerlegung von G aufgefaßt werden. Die terminalen Knoten von G_π, d.h. die Signale der Schaltungsausgänge und der Fanout-Stämme, können als Repräsentanten zur eindeutigen Markierung der einzelnen Zerlegungsblöcke (fanoutfreie Zonen) benutzt werden. Z.B. ist $G_h = (V_h, E_h)$ mit $V_h = (c_2,d,h)$ und $E_h = \{ (c_2,h),(d,h) \}$. Die initialen Knoten von G_π sind offensichtlich die Signale der Schaltungseingänge und der Fanout-Zweige.

Der prinzipielle Unterschied zwischen den Graphen G und G_π besteht in der verschiedenartigen Betrachtungsweise der Fanout-Stämme. Im Graphen G wird den Fanout-Zweigen keine Beachtung geschenkt. Deshalb werden die Fanout-Stämme sowohl als Gatterausgänge als auch als Gattereingänge interpretiert. Im Graphen G_π hingegen werden die Fanout-Zweige explizit berücksichtigt, indem ihnen eigene Knoten zugeordnet werden. Hier werden die Fanout-Stämme nur als Gatterausgänge betrachtet, während die Fanout-Zweige die Eingänge der nachfolgenden Gatter darstellen.

2.3. Spezielle Strukturmerkmale kombinatorischer Schaltungen

Im folgenden werden spezielle Strukturmerkmale kombinatorischer Schaltungen, die bei der Fehlersimulation und der automatischen Testmustergenerierung vorteilhaft ausgenutzt werden können, mit Hilfe der Strukturgraphen G und G_π definiert und an einfachen Beispielen veranschaulicht.

2.3.1. Unabhängige Fanout-Zweige

Ein **Fanout-Zweig** heißt **unabhängig**, wenn er mit keinem anderen Fanout-Zweig seines zugehörigen Fanout-Stammes rekonvergiert [Brgl85c].

- Definition der unabhängigen Fanout-Zweige:
  Es seien $x_1, \ldots, x_v, \ldots, x_n$ die n Zweige des Fanout-Stammes x und y_v sei der eindeutige Nachfolger von x_v in G_π.
  Darüber hinaus soll mit $des(y_v)$ die Menge der Nachfahren (*descendants*) von y_v in G bezeichnet werden. Im Falle, daß y_v ein terminaler Knoten von G ist, soll gelten: $des(y_v) = \emptyset$.
  x_1 ist ein unabhängiger Fanout-Zweig des Fanout-Stammes x genau dann, wenn

$$\Big[y_1 \cup \mathrm{des}(y_1) \Big] \cap \Big\{ \bigcup_{\nu=2}^{n} \Big[y_\nu \cup \mathrm{des}(y_\nu) \Big] \Big\} = \emptyset. \qquad (2.1)$$

Im Falle des Schaltungsbeispiels C (Bild 2.1) ist c_1 offensichtlich kein unabhängiger Fanout-Zweig, da er mit c_2 am Gatter mit dem Ausgangssignal w rekonvergiert und

$$\Big[p \cup \mathrm{des}(p) \Big] \cap \Big[h \cup \mathrm{des}(h) \Big] =$$

$$= \{ p,w \} \cap \{ h,q,r,w,z \} = \{ w \} \neq \emptyset. \qquad (2.2a)$$

Dagegen sind q_1 und q_2 unabhängige Fanout-Zweige, da

$$\Big[w \cup \mathrm{des}(w) \Big] \cap \Big[z \cup \mathrm{des}(z) \Big] = \{ w \} \cap \{ z \} = \emptyset. \qquad (2.2b)$$

2.3.2. Flußdominanz und Dominanzbeziehungen

Bild 2.4 zeigt ein weiteres einfaches Schaltungsbeispiel D. In der Schaltung D führen offenbar alle Wege vom Fanout-Stamm c zu einem der Ausgangssignale w oder z über das Signal q. Dies entspricht dem Begriff der **Flußdominanz** in gerichteten Graphen [Tarj74].

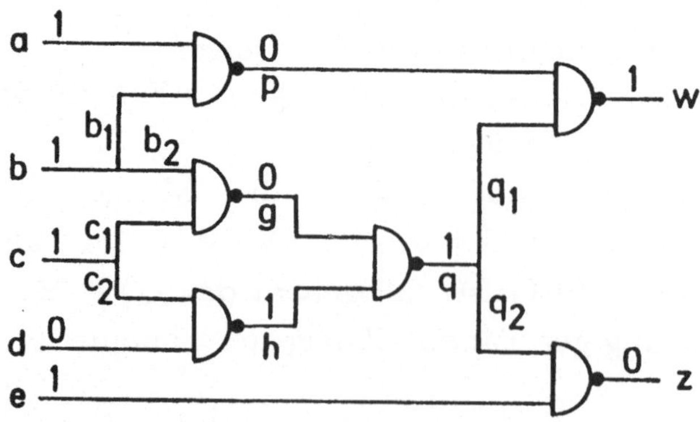

Bild 2.4: Schaltung D

- Definition des Begriffs der Flußdominanz:
  Ein Knoten y dominiert den Knoten x im Graphen G, d.h. $y \in dom(x)$, genau dann, wenn jeder Weg vom Knoten x zu den terminalen Knoten von G, welche die Ausgangssignale der Schaltung sind, über den Knoten y führt. Unter der Voraussetzung, daß z das Signal eines Schaltungsausganges darstellt und $V_{P(x,\ldots,z)}$ die Menge aller gerichteten Pfade vom Knoten x zum Knoten z im Graphen G bezeichnet, gilt somit:

$$y \in dom(x) \Leftrightarrow \underset{z \in V_O}{\forall} \ \underset{P \in V_{P(x,\ldots,z)}}{\forall} (\, y \in P \,). \qquad (2.3)$$

  Dabei repräsentiert dom(x) die Menge der Knoten, die den Knoten x in G dominieren. Die Elemente von dom(x) heißen auch **Dominatoren** von x in G.

Innerhalb der fanoutfreien Zonen sind die Dominanzbeziehungen offensichtlich trivial, da die fanoutfreien Zonen Baumstruktur aufweisen. Dagegen sind die Dominanzbeziehungen zwischen den Fanout-Stämmen sowohl für die Fehlersimulation als auch für die automatische Testmustergenerierung von großer Bedeutung, da sie zu einer erheblichen Reduktion der erforderlichen Rechenzeiten beitragen können. Für die Schaltung D gilt entsprechend obiger Definition

$$dom(c) = \{\, q \,\}, \qquad (2.4a)$$

während für die übrigen Fanout-Stämme b und q der Schaltung D kein Dominator existiert.

$$dom(b) = dom(q) = \emptyset \qquad (2.4b)$$

Eine übersichtliche Darstellungsmöglichkeit sämtlicher Dominanzbeziehungen bieten die sogenannten Dominanzbäume. Bild 2.5 zeigt die zur Schaltung D gehörigen Dominanzbäume. Der Vorgänger eines beliebigen Knotens x in einem der Dominanzbäume wird auch als der **direkte Dominator** von x bezeichnet. Der direkte Dominator von x ist somit dasjenige Element der Menge dom(x), das auf der niedrigsten

Schaltungsebene liegt. In der Schaltung D repräsentiert das Signal p beispielsweise den direkten Dominator vom Signal a. Sind nur die Dominanzbeziehungen zwischen den Fanout-Stämmen von Interesse, so können sie mit Hilfe der modifizierten Dominanzbäume für Fanout-Stämme dargestellt werden. Bild 2.6 veranschaulicht die modifizierten Dominanzbäume für die Schaltung D.

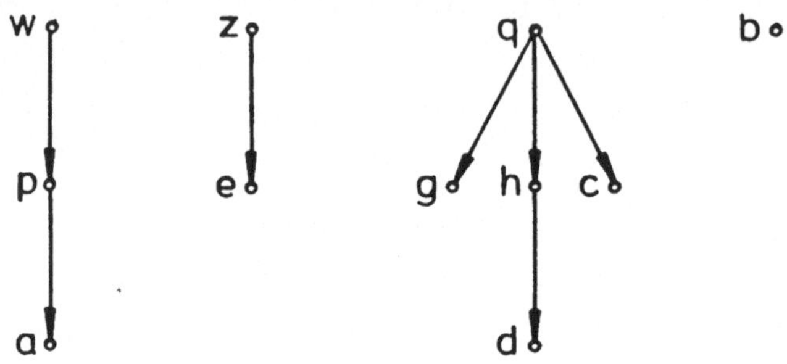

Bild 2.5: Dominanzbäume der Schaltung D

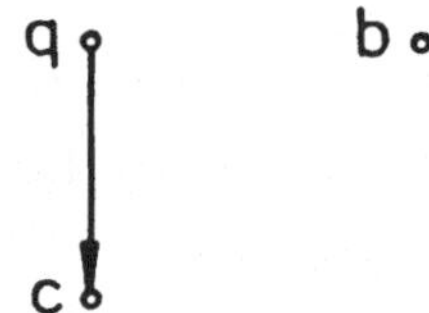

Bild 2.6: Modifizierte Dominanzbäume der Fanout-Stämme für die Schaltung D

Aus den vorgestellten Dominanzbäumen geht hervor, daß mit Hilfe der direkten Dominatoren alle Dominatoren eines Signals auf rekursive Weise ermittelt werden können. Deshalb genügt es offensichtlich, die direkten Dominatoren sämtlicher Signale zu bestimmen. Dabei erweist es sich als vorteilhaft, zuerst die direkten Dominatoren der Signale auf der höchsten Schaltungsebene zu identifizieren und den Prozeß ebenenweise in Richtung der Schaltungseingänge fortzusetzen. In diesem Fall läßt sich die Bestimmung der direkten Dominatoren von Signalen auf niedrigeren Schaltungsebenen durch die Verwendung der bereits bekannten direkten Dominatoren der Signale auf höheren Schaltungsebenen beträchtlich erleichtern und beschleunigen.

Darüber hinaus folgt aus den Definitionen der Dominanzbeziehungen und der unabhängigen Fanout-Zweige (Kapitel 2.3.1), daß Fanout-

Stämme mit unabhängigen Fanout-Zweigen mit Sicherheit keinen Dominator besitzen. Diese Tatsache kann zu einer weiteren Vereinfachung der Bestimmung der in der Schaltung existierenden Dominanzbeziehungen ausgenutzt werden.

2.3.3. Free Lines, Bound Lines und Head Lines

Die modernen Algorithmen zur automatischen Testmustergenerierung nehmen üblicherweise eine Klassifizierung der Signale einer kombinatorischen Schaltung in **Free Lines**, **Bound Lines** und **Head Lines** vor [Fuji83, Fuji85b].

- Definition der *Free Lines* und *Bound Lines*:
  Es sei x ein beliebiges Signal einer kombinatorischen Schaltung und anc(x) sei die Menge seiner Vorfahren (*ancestors*) im Graphen G. Im Falle, daß x ein initialer Knoten von G ist, soll $anc(x) = \emptyset$ gelten.
  Signal x heißt *Free Line*, d.h. $x \in V_{fl}$, genau dann, wenn keiner seiner Vorfahren ein Fanout-Stamm ist, d.h. $anc(x) \cap V_F = \emptyset$.

$$V_{fl} = \{ x \in V \mid anc(x) \cap V_F = \emptyset \}. \tag{2.5}$$

  Ist Signal x keine *Free Line*, so ist x eine *Bound Line*, d.h. $x \in V_{bl}$.

$$V_{bl} = V \setminus V_{fl}. \tag{2.6}$$

- Definition der *Head Lines*:
  Es sei x eine *Free Line* einer kombinatorischen Schaltung, d.h. $x \in V_{fl}$, und suc(x) sei die Menge seiner Nachfolger (*successors*) im Graphen G. Im Falle, daß x ein terminaler Knoten von G ist, soll $suc(x) = \emptyset$ gelten.
  Signal x heißt *Head Line*, d.h. $x \in V_{hl}$, genau dann, wenn mindestens einer seiner Nachfolger eine *Bound Line* ist, d.h. $suc(x) \cap V_{bl} \neq \emptyset$.

$$V_{hl} = \{ x \in V_{fl} \mid suc(x) \cap V_{bl} \neq \emptyset \}. \qquad (2.7)$$

Für das Schaltungsbeispiel C (Bild 2.1) ergeben sich die Mengen der *Free Lines, Bound Lines* und *Head Lines* zu

$$V_{fl} = \{ a,b,c,d,e \}, \qquad (2.8a)$$

$$V_{bl} = \{ h,p,q,r,w,z \}, \qquad (2.8b)$$

$$V_{hl} = \{ a,b,c,d,e \} = V_{fl}. \qquad (2.8c)$$

3. Schnelle Fehlersimulation in kombinatorischen Schaltungen

Die Fehlersimulation ist eine Analyseaufgabe, die darin besteht, die Qualität eines für eine Schaltung vorgegebenen Testsatzes in Bezug auf das zugrundegelegte Fehlermodell zu bewerten. Mit ihrer Hilfe werden die Menge der mit diesem Testsatz erkennbaren Fehler und der erzielbare Fehlerüberdeckungsgrad bestimmt.

Zur Durchführung der Fehlersimulation können die beiden aus dem Gebiet der Logiksimulation bekannten Prinzipien der

- compiler-gesteuerten und der
- tabellengesteuerten

Simulation eingesetzt werden. Die Vorteile einer compiler-gesteuerten Simulation sind in der Einfachheit der verwendeten Simulationsalgorithmen, dem geringen Speicherplatzbedarf und dem sich daraus ergebenden rechenzeitsparenden Ablauf der Simulation zu sehen. Dem stehen die Nachteile gegenüber, daß vor der eigentlichen Simulation eine i.a. rechenzeitaufwendige Umsetzung (Compilierung) der Schaltung in ablauffähigen Code vorgenommen werden muß und daß eine genaue Berücksichtigung des Zeitverhaltens der Schaltung nicht möglich ist. Das Prinzip der tabellengesteuerten Simulation dagegen erlaubt die exakte Nachbildung des zeitlichen Schaltungsverhaltens und bietet insgesamt ein wesentlich höheres Maß an Flexibilität. Es ist jedoch mit komplizierteren Datenstrukturen und größerem Speicherplatzbedarf verbunden.

Sowohl bei der Logiksimulation als auch bei der Fehlersimulation besteht eine gegenseitige Wechselbeziehung zwischen Simulationsgenauigkeit und Simulationsgeschwindigkeit. Je genauer eine Schaltung simuliert wird, desto geringere Simulationsgeschwindigkeiten werden erreicht. Dies führt insbesondere bei der Fehlersimulation in hochintegrierten Schaltungen zu unpraktikablen und unzumutbaren Rechenzeiten. Aus diesem Grund sieht man sich gezwungen, verstärkten Wert auf möglichst hohe Simulationsgeschwindigkeiten zu legen und dabei ggfs. Abstriche bei der Simulationsgenauigkeit in Kauf zu nehmen.

Die beiden am häufigsten benutzten Möglichkeiten zur Erzielung hoher Simulationsgeschwindigkeiten bestehen zum einen in der Verwendung von Hardware-Beschleunigern (Hardware Accelerators) und zum anderen in der Entwicklung und dem Einsatz schneller Fehlersimulationsalgorithmen, die sich auf einfache Fehlermodelle und eine zweiwertige Simulation ohne Berücksichtigung des Zeitverhaltens beschränken. Hardware-Beschleuniger sind heutzutage bereits vielfach auf Workstation-Basis verfügbar, jedoch ist ihr Erwerb mit erheblichem finanziellen Aufwand verbunden. Desweiteren sind die Hardware-Beschleuniger größtenteils speziell zur Unterstützung der Logiksimulation konzipiert, so daß sie zur Durchführung einer Fehlersimulation nur unter Inkaufnahme eines teilweisen Verlustes ihrer Leistungsfähigkeit eingesetzt werden können. Dagegen bieten die schnellen Fehlersimulationsverfahren den Vorteil, ohne finanziellen Zusatzaufwand vergleichbare oder sogar höhere Simulationsgeschwindigkeiten als die Hardware-Beschleuniger zu erzielen. Sowohl die Hardware-Beschleuniger als auch die schnellen Fehlersimulationsverfahren übertreffen die Simulationsgeschwindigkeiten herkömmlicher, nicht speziell auf geringen Rechenzeitbedarf ausgelegter Fehlersimulatoren typischerweise um den Faktor 1.000 bis 10000.

In diesem Kapitel werden nun die Prinzipien der schnellen Fehlersimulation in kombinatorischen Schaltungen beschrieben. Darauf aufbauend werden zahlreiche Vorschläge zur weiteren Beschleunigung unterbreitet und zwei schnelle Fehlersimulationsverfahren sowie ein beschleunigtes Testsatzbewertungsverfahren (approximatives Fehlersimulationsverfahren) vorgestellt, die allesamt tabellengesteuert arbeiten [AnSz86a, AnSz86b, AnSz87a, AnSz87b]. Es sei jedoch ausdrücklich darauf hingewiesen, daß sich die meisten der im folgenden dargelegten Methoden auch für den Einsatz in einer compiler-gesteuerten Simulation eignen.

3.1. Grundlagen der Fehlersimulation

Der erste im Rahmen der Fehlersimulation durchzuführende Verfahrensschritt ist die Simulation der fehlerfreien Schaltung (Gutsimulation), mit deren Hilfe für eine Folge von Eingangssignalvektoren (Testmustern) $\hat{V}_{I1}$, $\hat{V}_{I2}$, ..., $\hat{V}_{IN}$ die dazugehörigen binären Signalbelegungen $\hat{V}_1$, $\hat{V}_2$, ..., $\hat{V}_N$ bestimmt werden. Die logische Funktion eines beliebigen Gatters der Schaltung soll im folgenden durch ein Gatter mit zwei Eingangssignalen p und q, dem Ausgangssignal w und der allgemeinen

Verknüpfung „$\circ$" stellvertretend für alle möglichen Gattertypen charakterisiert werden:

$$w = p \circ q. \tag{3.1}$$

Die grundsätzliche Aufgabe der Fehlersimulation besteht darin, für ein vorgegebenes Testmuster die Menge der von ihm erkannten Fehler zu bestimmen. Zu diesem Zweck ist es notwendig, all diejenigen Signale zu ermitteln, gegen deren Belegung mindestens eines der Ausgangssignale der Schaltung empfindlich ist. Für diese Signale ist offensichtlich gewährleistet, daß sich eine an ihnen vorliegende Fehlbelegung an wenigstens einem der Schaltungsausgänge auswirkt und der die Fehlbelegung verursachende Ständigfehler somit erkannt werden kann.

Zur Darstellung der Empfindlichkeit zwischen zwei beliebigen Signalen w und x einer Schaltung verwendet man bekanntlich die Boolesche Differenz w_x, die folgendermaßen definiert ist:

$$w_x = w(x) \oplus w(\overline{x}). \tag{3.2}$$

Aus (3.2) wird ersichtlich, daß die Boolesche Differenz w_x genau dann den Wert 1 besitzt, wenn eine Belegungsänderung am Signal x zu einer Belegungsänderung am Signal w führt, d.h. wenn Signal w empfindlich gegen Signal x ist. Dementsprechend wird die Boolesche Differenz w_x häufig als die Empfindlichkeit des Signals w gegen das Signal x und manchmal auch als die Beobachtbarkeit des Signals x am Signal w bezeichnet.

Aufgrund der Tatsache, daß ein am Signal x vorliegender Fehler genau dann erkannt wird, wenn mindestens einer der Schaltungsausgänge empfindlich gegen die Belegung des Signals x ist, erweist es sich als vorteilhaft, die globale Empfindlichkeit aller Schaltungsausgänge gegen das Signal x einzuführen. Diese wird im folgenden durch O_x gekennzeichnet und kann als der Beobachtbarkeitsstatus des Signals x an sämtlichen Schaltungsausgängen interpretiert werden. Für das Schaltungsbeispiel C aus Bild 2.1, das die beiden Ausgangssignale w und z besitzt, ergibt sich O_x zu

$$O_x = w_x + z_x. \tag{3.3}$$

Mit Hilfe der globalen Empfindlichkeit kann nun die grundsätzliche Aufgabe der Fehlersimulation als das Problem formuliert werden, für jedes vorgegebene Testmuster die Menge der Signale

$$\left\{ x \in V \mid O_x = 1 \right\} \tag{3.4}$$

zu bestimmen. Damit können dann unter Berücksichtigung der logischen Werte der Signale, die im Rahmen der Gutsimulation ermittelt worden sind, die vom simulierten Testmuster erkannten Fehler angegeben werden. Offensichtlich folgt aus $O_x = 1$ und $x = 1$ bzw. aus $O_x = 1$ und $x = 0$, daß der Fehler „Signal x *stuck-at-0*" bzw. der Fehler „Signal x *stuck-at-1*" vom betrachteten Testmuster entdeckt wird.

Zur Berechnung der globalen Empfindlichkeiten zwischen beliebigen Signalen einer Schaltung benötigt man folgenden allgemeingültigen, rekursiven Zusammenhang, der aus (3.2) unter Berücksichtigung von Gl. (3.1) hergeleitet werden kann und leicht auf mehr als zwei Gattereingangssignale erweiterbar ist.

$$w \oplus w_x = w(\bar{x}) = p(\bar{x}) \circ q(\bar{x}),$$

$$w \oplus w_x = (p \oplus p_x) \circ (q \oplus q_x),$$

$$w_x = \left[(p \oplus p_x) \circ (q \oplus q_x) \right] \oplus (p \circ q) \tag{3.5}$$

Dabei gilt:

$$p,q \in \mathrm{pre}(w) \text{ und } x \in \mathrm{anc}(w),$$

wobei pre(w) bzw. anc(w) die Menge der Vorgänger (*predecessors*) bzw. die Menge der Vorfahren (*ancestors*) von w im Graphen G darstellt.

Einen Spezialfall der globalen Empfindlichkeit stellt die lokale Empfindlichkeit dar, die auch als Gatterempfindlichkeit bezeichnet wird. Aus den Gln. (3.1) und (3.5) ergibt sich unter Berücksichtigung der Tatsache, daß definitionsgemäß $w_w = 1$ gilt, für die Gatterempfindlichkeit w_p:

$$w_p = (\overline{p} \circ q) \oplus (p \circ q). \tag{3.6}$$

Im Falle eines AND- oder NAND-Gatters mit $w = p \cdot q$ bzw. $w = \overline{p \cdot q}$ folgt aus (3.6)

$$w_p = q. \tag{3.7}$$

Aus (3.5) ergibt sich

$$w_x = p_x + q_x, \text{ falls } [p,q] = [1,1], \tag{3.8a}$$

$$w_x = p_x \cdot q_x, \text{ falls } [p,q] = [0,0], \tag{3.8b}$$

$$w_x = p_x \cdot \overline{q}_x, \text{ falls } [p,q] = [0,1] \text{ und} \tag{3.8c}$$

$$w_x = \overline{p}_x \cdot q_x, \text{ falls } [p,q] = [1,0]. \tag{3.8d}$$

Eine übersichtliche Darstellungsmöglichkeit sämtlicher Signalempfindlichkeiten bei einem bestimmten Belegungszustand $\hat{V}$ der Schaltung bietet die Empfindlichkeitsmatrix **S**, in der die Werte der Booleschen Differenzen in geordneter Form eingetragen sind. Bild 3.1 zeigt die Empfindlichkeitsmatrix **S** für die Schaltung C und den im Bild 2.1 eingezeichneten Belegungszustand $\hat{V}$ der Signale.

Der Eintrag in der Zeile c und der Spalte w der Matrix **S** gibt den binären Wert der Booleschen Differenz w_c an. Ein Spaltenvektor von S, z.B.

$$S_{\cdot z} = (z_a,\ldots,z_z) = (0,0,1,0,0,1,0,0,0,0,1),$$

enthält die Werte der Booleschen Differenzen des Signals z gegen alle Signale der Schaltung und wird dementsprechend auch als Empfindlichkeitsvektor bezeichnet. Die Elemente der binären Empfindlichkeitsmatrix S werden spaltenweise ausgehend von den bekannten Empfindlichkeitsvektoren der Eingangssignale gemäß dem durch (3.5) ausgedrückten Prinzip bestimmt. Bei der Berechnung eines Empfindlichkeitsvektors, z.B. $S_{\cdot z} = S_{\cdot q} \cdot S_{\cdot r}$, wird die entsprechende logische Verknüpfung (in diesem Fall die UND-Verknüpfung) komponentenweise ausgeführt und dem Ergebnisvektor an der Diagonalposition von S eine „1"

$$
\mathbf{S} = \begin{array}{c|ccccc|cccc|cc|c}
 & a & b & c & d & e & h & p & q & r & w & z & \\
\hline
a & 1 & 0 & 0 & 0 & 0 & 0 & 0 & 0 & 0 & 0 & 0 & a \\
b & & 1 & 0 & 0 & 0 & 0 & 0 & 1 & 0 & 1 & 0 & b \\
c & & & 1 & 0 & 0 & 1 & 1 & 1 & 1 & 0 & 1 & c \\
d & & & & 1 & 0 & 0 & 0 & 0 & 0 & 0 & 0 & d \\
e & & & & & 1 & 0 & 0 & 0 & 1 & 0 & 0 & e \\
\hline
h & & & & & & 1 & 0 & 1 & 1 & 1 & 1 & h \\
p & & & \mathbf{O} & & & & 1 & 0 & 0 & 0 & 0 & p \\
q & & & & & & & & 1 & 0 & 1 & 0 & q \\
r & & & & & & & & & 1 & 0 & 0 & r \\
w & & & & & & & & & & 1 & 0 & w \\
z & & & & & & & & & & 0 & 1 & z
\end{array}
$$

Bild 3.1: Empfindlichkeitsmatrix für die Schaltung C

hinzugefügt, wodurch der trivialen Tatsache, daß definitionsgemäß $z_z = 1$ gilt, Rechnung getragen wird.

Die Menge der Signale, die an mindestens einem der Schaltungsausgänge beobachtbar sind, kann mit Hilfe der Empfindlichkeitsvektoren, die den Ausgangssignalen der Schaltung zugeordnet sind, ermittelt werden. Für die Schaltung C und den im Bild 2.1 gewählten Belegungszustand ergibt sich

$$\left\{ x \in V \mid O_x = 1 \right\} = \left\{ b,c,h,q,w,z \right\}. \tag{3.9}$$

Ausgehend von S kann man eine reduzierte Empfindlichkeitsmatrix $S^{(R)}$ definieren, indem man ausschließlich die zu Fanout-Stämmen gehörigen Zeilen berücksichtigt und alle übrigen Zeilen von S streicht. Die reduzierte Empfindlichkeitsmatrix $S^{(R)}$ stellt somit nur die Empfindlichkeitsverhältnisse von den Fanout-Stämmen aus betrachtet dar. Sie kann demnach verwendet werden, wenn eine auf die Fanout-Stämme beschränkte Fehlersimulation durchgeführt werden soll.

$$
\mathbf{S}^{(R)} = \begin{array}{c} \\ c \\ h \\ q \end{array}
\begin{array}{ccccc|cccc|cc}
a & b & c & d & e & h & p & q & r & w & z \\
\hline
 & & 1 & 0 & 0 & 1 & 1 & 1 & 1 & 0 & 1 \\
 & \mathbf{O} & & & & 1 & 0 & 1 & 1 & 1 & 1 \\
 & & & & & & & 1 & 0 & 1 & 0
\end{array}
\begin{array}{c} \\ c \\ h \\ q \end{array}
$$

Bild 3.2: Reduzierte Empfindlichkeitsmatrix $S^{(R)}$ für die Schaltung C

Im Jahr 1978 unterbreitete Hong die folgende effiziente Strategie zur Berechnung der Beobachtbarkeit O_x für alle Signale einer kombinatorischen Schaltung [Hong78]:

- Wenn x das Signal eines Fanout-Stammes ist, d.h. $x \in V_F$, dann muß O_x mit einer expliziten Fehlersimulation ermittelt werden. Dies kann beispielsweise durch die Berechnung von $S^{(R)}$ geschehen.

- Wenn x ein internes Signal einer fanoutfreien Zone ist, d.h. x ist Vorgänger eines beliebigen Signals y in $G_\pi = (V_\pi, E_\pi)$, $x \in pre(y \text{ in } G_\pi)$, dann wird O_x mit Hilfe von

$$O_x = O_y \cdot y_x \tag{3.10}$$

bestimmt.

Der Nachweis der Gültigkeit von (3.10) kann leicht mit Hilfe der Kettenregel der Booleschen Differenz erbracht werden. Die durch die rekursive Berechnungsvorschrift (3.10) ausgedrückte Vorgehensweise entspricht dem bekannten Prinzip der Einfachpfadsensibilisierung, die eine lineare Komplexität bezüglich der Zahl der in der Schaltung enthaltenen Gatter aufweist und durchgeführt werden kann, indem die Gatterempfindlichkeiten y_x berechnet werden.

Dem Verfahrensvorschlag nach Hong liegt also die Idee zugrunde, die rechenzeitaufwendige Fehlersimulation auf die Fanout-Stämme zu beschränken und mit einer rechenzeitsparenden Einfachpfadsensibilisierung in den fanoutfreien Zonen der Schaltung zu kombinieren. Dies hat zur Folge, daß die gesamte Aufgabenstellung der Fehlersimulation für Schaltungen, die keinen Fanout-Stamm enthalten und somit Baumstruktur aufweisen, mit Hilfe der Einfachpfadsensibilisierung gelöst werden kann und keinerlei explizite Fehlersimulation notwendig ist. Das Problem der Fehlersimulation kann für Schaltungen mit Baumstruktur demzufolge in einer linear mit der Gatterzahl ansteigenden Rechenzeit bewältigt werden.

Für das Schaltungsbeispiel C, das die drei Fanout-Stämme c, h und q enthält und folglich keine Baumstruktur besitzt, erhält man aus der reduzierten Empfindlichkeitsmatrix $S^{(R)}$ (Bild 3.2)

$$\left\{ x \in V_F \mid O_x = 1 \right\} = \left\{ c,h,q \right\}. \qquad (3.11)$$

Die zusätzliche Ausführung der Einfachpfadsensibilisierung in sämtlichen fanoutfreien Zonen der Schaltung C liefert

$$\left\{ x \in V_\pi \mid O_x = 1 \right\} = \left\{ w,q_1,\ z,\ q,h_1,b,\ h,c_2,\ c \right\}. \qquad (3.12)$$

Bezeichnet man den einfachen Ständigfehler „Signal p *stuck-at-0*" bzw. „Signal p *stuck-at-1*" mit p/0 bzw. p/1, so kann man aus (3.12) unter Berücksichtigung der Signalbelegung $\hat{V}$ diejenigen Fehler bestimmen, die von der Eingangsbelegung bzw. dem Testmuster $\hat{V}_I = (1,1,0,1,1)$ erkannt werden:

$$F(1,1,0,1,1) = \left\{ w/0, q_1/1, z/0, q/1, h_1/0, b/0, \right. \\ \left. h/0, c_2/1, c/1 \right\}. \qquad (3.13)$$

3.2. Methoden zur Beschleunigung der Fehlersimulation

3.2.1. Gutsimulation mittels paralleler Signalauswertung

Der Prozeß der zweiwertigen Gutsimulation läßt sich wesentlich beschleunigen, indem die Berechnung von jeweils L Signalbelegungen zusammengefaßt wird und eine parallele Signalauswertung an den einzelnen Gattern durchgeführt wird [KöSt85]. Dabei bezeichnet L die verfügbare binäre Maschinenwortlänge. Mit vec(p) soll der Signalvektor gekennzeichnet werden, der L binäre Signalwerte von p entsprechend L Belegungszuständen der Schaltung enthält und in einem Maschinenwort abgespeichert ist. Die allgemeine Vorschrift der parallelen Signalauswertung an den einzelnen Gattern kann in Anlehnung an (3.1) mit

$$\mathrm{vec}(w) = \mathrm{vec}(p) \circ \mathrm{vec}(q) \tag{3.14}$$

beschrieben werden. Durch die Anwendung der Operation (3.14) werden die einzelnen Komponenten von vec(p) und vec(q) entsprechend der jeweiligen Gatterfunktion, die wiederum stellvertretend durch den Operator „$\circ$" charakterisiert ist, bitweise miteinander verknüpft.

Bild 3.3 illustriert am Beispiel eines AND-Gatters das Prinzip einer zweiwertigen Gutsimulation mittels paralleler Signalauswertung. Dabei wurden die Maschinenwortlänge L = 5, vec(p) = (1,1,0,1,0) und vec(q) = (0,1,1,0,0) gewählt. Die bitweise UND-Verknüpfung der beiden Vektoren vec(p) und vec(q) liefert das Ergebnis vec(w) = (0,1,0,0,0).

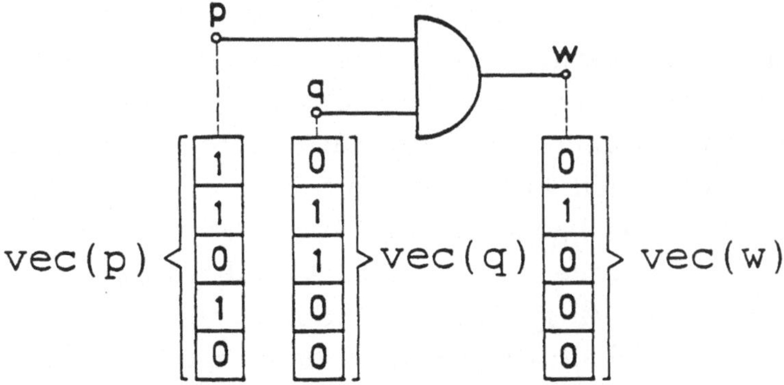

Bild 3.3: Prinzip der zweiwertigen Gutsimulation mittels paralleler Signalauswertung

3.2.2. Einfachpfadsensibilisierung mittels paralleler Signalauswertung

Tabelle 3.1 veranschaulicht das Berechnungsschema der Einfachpfadsensibilisierung in den fanoutfreien Zonen für das Schaltungsbeispiel C. Man erkennt die natürliche, zweidimensionale Problemstrukturierung in Schaltungsebenen und fanoutfreie Zonen.

Fanoutfreie Zonen	Schaltungsebenen: w,z	q,r	h,p	a,b,c,d,e
w	$O_w = 1$	$O_{q_1} = 1$	$O_p = 0$	$O_{c_1} = 0$ $O_a = 0$
z	$O_z = 1$	$O_{q_2} = 0$ $O_r = 0$	$O_{h_2} = 0$	$O_e = 0$
q		$O_q \overset{!}{=} 1$	$O_{h_1} = 1$	$O_b = 1$
h			$O_h \overset{!}{=} 1$	$O_{c_2} = 1$ $O_d = 0$
c				$O_c \overset{!}{=} 1$

Tabelle 3.1: Berechnungsschema der Einfachpfadsensibilisierung

Die Einfachpfadsensibilisierung in den fanoutfreien Zonen wird vorteilhaft vor der Fehlersimulation der Fanout-Stämme durchgeführt. Dabei beginnt man immer am terminalen Knoten der fanoutfreien Zone, welcher entweder ein Fanout-Stamm oder ein Ausgangssignal der Schaltung ist. Die Beobachtbarkeiten der terminalen Knoten der fanoutfreien Zonen werden in diesem Verfahrensschritt gleich „1" gesetzt. Im Falle eines Ausgangssignals der Schaltung ist dies immer gerechtfertigt, da die Schaltungsausgänge definitionsgemäß beobachtbar sind. Dagegen stellt diese Maßnahme im Falle eines internen Fanout-Stammes nur eine Annahme dar (ausgedrückt durch die Ausrufezeichen über den Gleichheitszeichen in Tabelle 3.1), die im weiteren Verlauf des Fehlersimulationsprozesses verifiziert werden muß.

Die Berechnung der Beobachtbarkeiten für die internen Signale der fanoutfreien Zonen wird gemäß Gl. (3.10) durchgeführt. Die rekursive Struktur von (3.10) legt es nahe, beginnend am terminalen Knoten die Signale der baumartig strukturierten fanoutfreien Zonen in einer *Depth-First*-Vorgehensweise abzuarbeiten. Diese Vorgehensweise ermöglicht es, im Sinne einer *Selective-Trace*-Technik unnötige Operationen einzusparen. Für die fanoutfreie Zone G_w beispielsweise kann die Einfachpfadsensibilisierung am Signal p beendet werden, da aufgrund der Baumstruktur der fanoutfreien Zonen aus $O_p = 0$ unmittelbar $O_{c_1} = 0$ und $O_a = 0$ folgt.

Eine parallele Durchführung der Einfachpfadsensibilisierung für L Signalbelegungen führt wie bei der Gutsimulation zu einer wesentlichen Verringerung der erforderlichen Rechenzeit. Faßt man im Vektor $\text{vec}(O_x)$ L Beobachtbarkeitswerte des Signals x entsprechend L Belegungszuständen der Schaltung zusammen und sieht zur Speicherung der L binären Werte wiederum ein Maschinenwort vor, so kann die Einfachpfadsensibilisierung unter Anwendung der auf der Grundlage von Gl. (3.10) formulierten Berechnungsvorschrift

$$\text{vec}(O_x) = \text{vec}(O_y) \cdot \text{vec}(y_x) \tag{3.15}$$

mittels paralleler Signalauswertung vollzogen werden. In Gl. (3.15) bezeichnet $\text{vec}(y_x)$ ein L Bit breites Maschinenwort, das L binäre Werte der Gatterempfindlichkeit y_x entsprechend L Belegungszuständen der Schaltung enthält und ebenfalls mittels paralleler Signalauswertung bestimmt wird. Im Falle eines AND- oder NAND-Gatters mit $w = p \cdot q$ bzw. $w = \overline{p \cdot q}$ gilt

$$\text{vec}(w_p) = \text{vec}(q). \tag{3.16}$$

Da der Vektor vec(q) bereits im Rahmen der vorausgehenden Gutsimulation berechnet worden ist und somit als Maschinenwort im Rechner vorliegt, kann er unmittelbar zur Berechnung der Gatterempfindlichkeiten verwendet werden und muß nicht neu bestimmt werden.

Bild 3.4 veranschaulicht die Durchführung der Einfachpfadsensibilisierung mittels paralleler Signalauswertung am Beispiel des AND-

Gatters aus Bild 3.3, wobei $\text{vec}(O_w) = (0,0,1,1,1)$ angenommen wird. Da entsprechend Gl. (3.16) $\text{vec}(w_p) = \text{vec}(q)$ gilt, ergibt sich $\text{vec}(O_p)$ aus der bitweisen UND-Verknüpfung der beiden Vektoren $\text{vec}(q) = (0,1,1,0,0)$ und $\text{vec}(O_w) = (0,0,1,1,1)$ zu $\text{vec}(O_p) = (0,0,1,0,0)$.

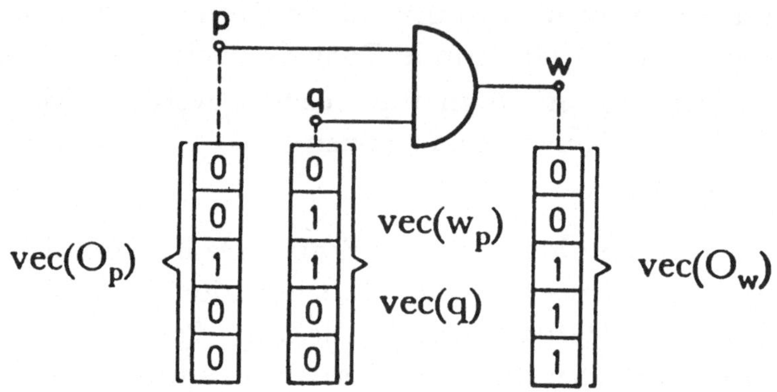

Bild 3.4: Einfachpfadsensibilisierung mittels paralleler Signalauswertung

3.2.3. Beschleunigtes Fast Fault Grading

Die Methode des *Fast Fault Grading* [Brgl84, Brgl85a, Brgl85c] führt die Einfachpfadsensibilisierung in den fanoutfreien Zonen entsprechend Gl. (3.10) durch und schätzt die Beobachtbarkeiten der Fanout-Stämme mit Hilfe des durch Gl. (3.17) beschriebenen Prinzips ab. Dabei bezeichnen x einen Fanout-Stamm und x_1, x_2, ... seine zugehörigen Fanout-Zweige.

$$\tilde{O}_x = O_{x_1} + O_{x_2} + \cdots \qquad (3.17)$$

Gl. (3.17) legt offensichtlich die Annahme zugrunde, daß der logische Wert eines Fanout-Stammes genau dann an einem der Schaltungsausgänge beobachtet werden kann, wenn dies auch für mindestens einen seiner zugehörigen Zweige möglich ist. Die Kombination der Einfachpfadsensibilisierung in den fanoutfreien Zonen mit der durch Gl. (3.17) ausgedrückten Heuristik für die Fanout-Stämme bewirkt, daß die gesamte Fehlersimulationsprozedur eine lineare Komplexität bezüglich der Zahl der in der Schaltung enthaltenen Gatter aufweist. Jedoch liefert diese Art der Fehlersimulation für Schaltungen, die rekonvergierende Fanout-Stämme enthalten, i.a. keine exakten Resultate. Die von Gl. (3.17) benutzte Annahme ist im Falle des Auftretens von **Mehrfachpfadsensibilisierungseffekten** unzutreffend und führt deshalb zu ungenauen Ergebnissen, wobei die Abweichungen sowohl optimistischer als auch pessimistischer Natur sein können, so daß weder eine obere noch eine untere Schranke für den tatsächlichen Fehlerüberdeckungsgrad angegeben werden kann.

Die Bilder 3.5 und 3.6 zeigen einfache Beispiele für Situationen, in denen Mehrfachpfadsensibilisierungseffekte auftreten und das *Fast Fault Grading* Ungenauigkeiten aufweist. Für das im Bild 3.5 dargestellte Schaltungsbeispiel und den vorliegenden Belegungszustand der Signale liefert die Einfachpfadsensibilisierung $O_f = 1$ und $O_d = O_e = O_{b_1} = O_{b_2} = 0$. Gemäß Gl. (3.17) ergibt sich somit $O_b = 0$. Der logische Wert am Fanout-Stamm b ist jedoch am Schaltungsausgang f beobachtbar, da eine Wertänderung an b vom logischen Wert 1 zum logischen Wert 0 eine Wertänderung an f vom logischen Wert 1 zum logischen Wert 0 zur Folge hat. Der Grund hierfür ist, daß sich die Effekte der Wertänderung an b gleichzeitig über die beiden Pfade b–d–f und b–e–f zum Schaltungsausgang f ausbreiten. In diesem Fall verhält sich das *Fast Fault Grading* also zu pessimistisch, weshalb man auch von einer pessimistischen Abweichung spricht.

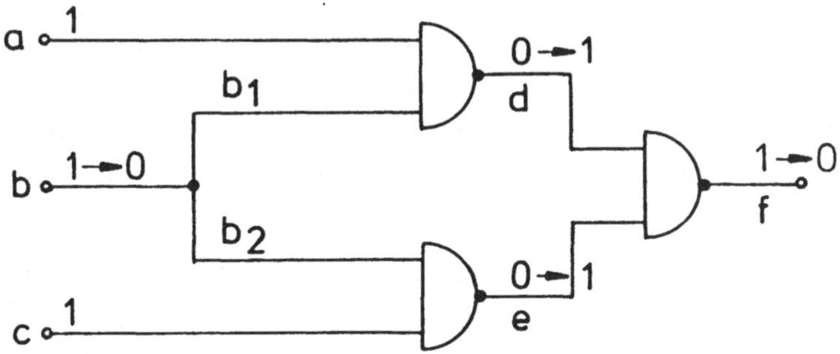

Bild 3.5: Pessimistische Abweichung des *Fast Fault Grading*

Im Gegensatz dazu veranschaulicht Bild 3.6 ein einfaches Beispiel für eine optimistische Abweichung des *Fast Fault Grading*. Aus der Einfachpfadsensibilisierung erhält man für den eingezeichneten Belegungszustand $O_g = O_e = O_{b_1} = 1$ und $O_f = O_d = O_{b_2} = 0$, so daß die Gl. (3.17) $O_b = 1$ liefert. Der logische Wert am Fanout-Stamm b kann jedoch nicht am Schaltungsausgang g beobachtet werden, da eine Wertänderung an b vom logischen Wert 1 zum logischen Wert 0 zu e = 1 und f = 0 führt und somit keine Wertänderung an g auftritt (g = 1). Auch in diesem Fall breiten sich die Effekte der Wertänderung an b gleichzeitig über zwei Pfade, b-e-g und b-d-f-g, in Richtung des Schaltungsausganges g aus, wobei sich diese Effekte am NAND-Gatter mit dem Ausgangssignal g gegenseitig auslöschen. Diese gegenseitige Auslöschung der Auswirkungen einer Wertänderung wird in der Literatur häufig mit dem Begriff **Selbstmaskierung** umschrieben [Abra83].

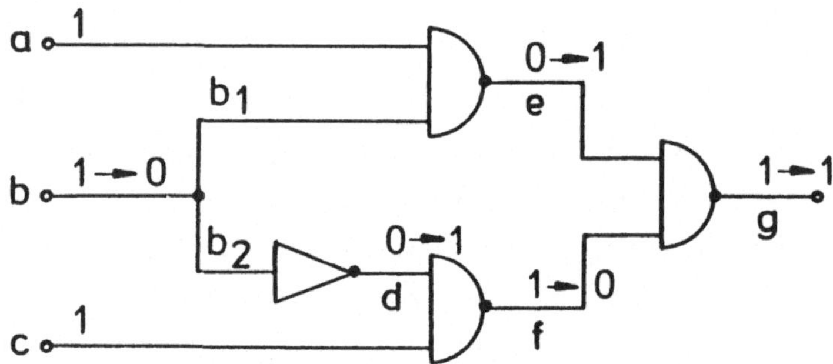

Bild 3.6: Optimistische Abweichung des *Fast Fault Grading* (Selbstmaskierung)

Aufgrund der auftretenden Ungenauigkeiten und Abweichungen werden Methoden wie die des *Fast Fault Grading* zutreffender als Testsatzbewertungsverfahren oder als approximative Fehlersimulationsverfahren bezeichnet. Sie wurden in dem Bestreben entwickelt, eine erhebliche Rechenzeit- und Speicherplatzersparnis im Vergleich zu konventionellen Fehlersimulationsverfahren zu erzielen, wobei ein geringer Verlust an Genauigkeit in Kauf genommen wird. Das durch Gl. (3.17) ausgedrückte Prinzip, die Beobachtbarkeiten der Fanout-Stämme mit der Hilfe der Beobachtbarkeiten ihrer zugehörigen Fanout-Zweige abzuschätzen, eignet sich ebenfalls in hervorragender Weise für eine parallele Signalauswertung.

$$\mathrm{vec}(\tilde{O}_x) = \mathrm{vec}(O_{x_1}) + \mathrm{vec}(O_{x_2}) + \cdots \quad (3.18)$$

Die Kombination von (3.15) und (3.18) ermöglicht eine parallele Signalauswertung in allen Verfahrensschritten des approximativen Fehlersimulationsverfahrens, wodurch das ursprüngliche *Fast Fault Grading* eine wesentliche Beschleunigung erfährt.

3.2.4. Überprüfungskriterium für fanoutfreie Zonen

Um die Zahl der Fanout-Stämme, für die eine Fehlersimulation explizit durchgeführt werden muß, zu reduzieren, werden die zu den Fanout-Stämmen gehörenden fanoutfreien Zonen vor der eigentlichen Fehlersimulation des Stammes überprüft. Im Rahmen dieser Überprüfung wird festgestellt, ob es tatsächlich notwendig ist, eine Fehlersimulation für den zugehörigen Fanout-Stamm auszuführen, oder ob diese überflüssig ist und der damit verbundene Aufwand eingespart werden kann. Eine Fehlersimulation für einen Fanout-Stamm x wird dabei als notwendig erachtet, wenn mindestens ein unerkannter Fehler der fanoutfreien Zone G_x am Fanout-Stamm x beobachtbar ist und wenn gleichzeitig der Fanout-Stamm x selbst an mindestens einem seiner Nachfolger beobachtet werden kann.

- Überprüfungskriterium für fanoutfreie Zonen:
  Es sei p ein beliebiges Signal der fanoutfreien Zone G_x, d.h. $p \in V_x$, und D(p/0) bzw. D(p/1) möge den Detektionsstatus des Ständigfehlers „Signal p *stuck-at-0*" bzw. des Ständigfehlers „Signal p *stuck-at-1*" bezeichnen. Z.B. besagt D(p/0) = 1, daß der Fehler p/0 bereits von vorausgehenden Testmustern entdeckt worden ist. Dagegen drückt D(p/0) = 0 aus, daß der Fehler p/0 noch unerkannt ist. Zur weiteren Notation wird die folgende Abkürzung eingeführt:

$$Q(p) = p \cdot \overline{D}(p/0) + \overline{p} \cdot \overline{D}(p/1) \quad (3.19)$$

  Q(p) = 1 bedeutet, daß derjenige Fehler am Signal p, der durch die Belegung des Signals p in der fehlerfreien Schaltung stimuliert ist, noch nicht von vorausgehenden Testmustern erfaßt worden ist.

Unter der Annahme, daß das Signal y einen Nachfolger des Fanout-Stammes x im Graphen G darstellt, d.h. $y \in suc(x)$, kann das Überprüfungskriterium der fanoutfreien Zonen folgendermaßen formuliert werden:

$$C_x = \left[\underset{p \in V_x}{\exists} x_p \cdot Q(p) \right] \cdot \left[\underset{y \in suc(x)}{\exists} y_x \right]. \qquad (3.20)$$

Falls $C_x = 1$, muß eine Fehlersimulation für den Fanout-Stamm x explizit ausgeführt werden.

Zur besseren Veranschaulichung wird die Berechnung des Überprüfungskriteriums anhand der fanoutfreien Zone G_h der Schaltung C beispielhaft vorgeführt. Besonders erwähnenswert ist dabei, daß die Berechnung des Überprüfungskriteriums mittels einer binären Auswertung erfolgt.

$$C_h = \left[Q(h) + h_{c_2} \cdot Q(c_2) + h_d \cdot Q(d) \right] \cdot \left[q_h + r_h \right] \qquad (3.21)$$

Mit $h_{c_2} = q_h = r_h = 1$, $h_d = 0$, $h = d = 1$, $c_2 = 0$,
erhält man $Q(h) = \overline{D}(h/0)$, $Q(c_2) = \overline{D}(c_2/1)$ und $Q(d) = \overline{D}(d/0)$,
und schließlich ergibt sich C_h zu

$$C_h = \overline{D}(h/0) + \overline{D}(c_2/1). \qquad (3.22)$$

Aus Gl. (3.22) folgt, daß eine explizite Fehlersimulation für den Fanout-Stamm h notwendig ist, wenn mindestens einer der beiden Ständigfehler h/0 oder $c_2/1$ nicht von bereits simulierten Testmustern erkannt worden ist.

Um die beschriebene Methode zur Überprüfung der fanoutfreien Zonen anwenden zu können, müssen die Signalempfindlichkeiten innerhalb der fanoutfreien Zonen, wie z.B. h_d, bekannt sein. Deshalb muß die Einfachpfadsensibilisierung in den fanoutfreien Zonen vor der Überprüfung derselben und somit auch vor der Fehlersimulation der Fanout-Stämme durchgeführt werden.

Wenn alle Fehler in einer bestimmten fanoutfreien Zone von den bereits simulierten Testmustern erkannt worden sind, kann die gesamte fanoutfreie Zone einschließlich des dazugehörigen Fanout-Stammes im weiteren Verlauf des Fehlersimulationsprozesses völlig außer acht gelassen werden. Dies bedeutet, daß für diese fanoutfreie Zone fortan weder die Einfachpfadsensibilisierung noch die Berechnung des Überprüfungskriteriums durchgeführt werden muß und daß fernerhin auch keine Fehlersimulation für den zugehörigen Stamm mehr notwendig ist. Diese Vorgehensweise kann als eine Erweiterung der bekannten Methode des *fault dropping* betrachtet werden und wird deshalb mit *fanout free region dropping* bezeichnet.

Die Anwendung der parallelen Signalauswertung während der Überprüfung der fanoutfreien Zonen wirkt sich in einer erheblichen Beschleunigung der Berechnung des Überprüfungskriteriums aus. Mit

$$\mathrm{vec}(Q(p)) = \mathrm{vec}(p) \cdot \overline{D}(p/0) + \mathrm{vec}(\overline{p}) \cdot \overline{D}(p/1) \tag{3.23}$$

folgt das Überprüfungskriterium der fanoutfreien Zonen für die parallele Signalauswertung direkt aus (3.20).

$$\mathrm{vec}(C_x) = \left[\exists_{p \in V_x} \mathrm{vec}(x_p) \cdot \mathrm{vec}(Q(p)) \right] \cdot \left[\exists_{y \in suc(x)} \mathrm{vec}(y_x) \right] \tag{3.24}$$

Für die fanoutfreie Zone G_h ergibt sich damit

$$\mathrm{vec}(C_h) = \left[\mathrm{vec}(Q(h)) + \mathrm{vec}(h_{c_2}) \cdot \mathrm{vec}(Q(c_2)) + \mathrm{vec}(h_d) \cdot \mathrm{vec}(Q(d)) \right] \cdot$$
$$\left[\mathrm{vec}(q_h) + \mathrm{vec}(r_h) \right]. \tag{3.25}$$

In Gl. (3.25) stellt $\mathrm{vec}(C_h)$ ein L Bit breites Maschinenwort von L Überprüfungskriterien dar, wobei sich jedes einzelne dieser Überprüfungskriterien C_h auf genau eines der L Testmuster entsprechend Gl. (3.21) bezieht.

3.2.5. Ausnutzung struktureller Schaltungsmerkmale

Der Prozeß der Fehlersimulation in kombinatorischen Schaltungen kann durch die Ausnutzung bestimmter Merkmale der Schaltungsstruktur weiter beschleunigt werden. Aus diesem Grund werden mit Hilfe einer einfachen und rechenzeitsparenden Analyse der Schaltungsstruktur die **unabhängigen Fanout-Zweige** und die **Dominanzbeziehungen zwischen den Fanout-Stämmen** ermittelt.

Unabhängige Fanout-Zweige können entsprechend ihrer Definition (Kapitel 2.3.1) nicht an Mehrfachpfadsensibilisierungseffekten beteiligt sein. Dieses Wissen wird ausgenutzt, um die Beobachtbarkeit eines Fanout-Stammes, der einen oder mehrere unabhängige Fanout-Zweige besitzt, ggfs. aus den Ergebnissen der Einfachpfadsensibilisierung zu berechnen. Dadurch ergibt sich eine weitere Verringerung der Zahl der Fanout-Stämme, für die eine explizite Fehlersimulation ausgeführt werden muß.

- Berechnungsvorschrift von O_x für Fanout-Stämme mit unabhängigen Fanout-Zweigen:
  Es seien x_1, x_2, ..., x_n die n zum Fanout-Stamm x gehörigen Fanout-Zweige.
  Falls x_1 ein unabhängiger Fanout-Zweig ist, dann gilt

$$O_x = O_{x_1} + O_{x'}. \qquad (3.26)$$

  Falls x_1, x_2, ..., x_n unabhängige Fanout-Zweige sind, dann gilt

$$O_x = O_{x_1} + O_{x_2} + \cdots + O_{x_n}. \qquad (3.27)$$

Um die Gln. (3.26) und (3.27) anwenden zu können, müssen natürlich die Beobachtbarkeiten der Fanout-Zweige zum Zeitpunkt der Berechnung der Beobachtbarkeit des Fanout-Stammes x bekannt sein. Unter dieser Voraussetzung kann eine explizite Fehlersimulation des Fanout-Stammes x immer vermieden werden, wenn alle Fanout-Zweige eines Stammes unabhängig sind (Gl. (3.27)). Stellt dagegen nur x_1 einen unabhängigen Fanout-Zweig dar, so ist die Fehlersimulation für den Fanout-Stamm überflüssig, falls $O_{x_1} = 1$. Andernfalls, d.h. falls

$O_{x_1} = 0$, muß O_x durch eine explizite Fehlersimulation des Fanout-Stammes x ermittelt werden (Gl. (3.26)). Eine weitere Interpretationsmöglichkeit des ausgeführten Sachverhalts besteht darin, daß die Fehlersimulation eines Fanout-Stammes immer dann unnötig ist, wenn mindestens einer der unabhängigen Fanout-Zweige erwiesenermaßen an den Schaltungsausgängen beobachtet werden kann oder wenn sämtliche Zweige des Fanout-Stammes unabhängig sind und gleichzeitig sichergestellt ist, daß keiner der Schaltungsausgänge gegen einen dieser Fanout-Zweige empfindlich ist.

Wie im Kapitel 2.3.1 gezeigt wurde, sind im Schaltungsbeispiel C (Bild 2.1) q_1 und q_2 unabhängige Fanout-Zweige. Demzufolge berechnet sich O_q gemäß Gl. (3.27) zu

$$O_q = O_{q_1} + O_{q_2}. \tag{3.28}$$

Die Anwendung des Begriffs der Flußdominanz auf den gerichteten zyklenfreien Strukturgraphen G und die Ausnutzung der sich daraus ergebenden Dominanzbeziehungen zwischen den Fanout-Stämmen (Kapitel 2.3.2) ermöglichen wesentliche Einsparungen in der Zahl der Gatterauswertungen, die während der expliziten Fehlersimulation der Fanout-Stämme durchzuführen sind.

- Bestimmung von O_x unter Ausnutzung der Dominanzbeziehungen:
  Es seien x und y Fanout-Stämme in G. Falls $y \in \mathrm{dom}(x)$, gilt

$$O_x = O_y \cdot y_x. \tag{3.29}$$

Gl. (3.29) deutet an, wie mit Hilfe der Dominanzbeziehungen die Zahl der bei der expliziten Fehlersimulation der Fanout-Stämme anfallenden Gatterauswertungen reduziert werden kann. Zur Bestimmung der Beobachtbarkeit O_x genügt es offensichtlich, die Boolesche Differenz y_x zu ermitteln, was mit Hilfe einer Fehlersimulation des Fanout-Stammes x bis zum Fanout-Stamm y geschehen kann. Dagegen müßte ohne Ausnutzung der Dominanzbeziehungen eine vollständige Fehlersimulation des Fanout-Stammes x bis zu den Schaltungsausgängen durchgeführt werden. Um die Dominanzbeziehungen in bestmöglicher

Weise zur Reduktion der Zahl der erforderlichen Gatterauswertungen ausnutzen zu können, muß die durch Gl. (3.29) ausgedrückte Berechnungsvorschrift nun noch in das Konzept der Überprüfung der fanoutfreien Zonen vor der expliziten Fehlersimulation der Fanout-Stämme eingebunden werden.

- Einbindung des Konzepts der Dominanzbeziehungen in das Konzept der Überprüfung der fanoutfreien Zonen:
  Es sei y ein Fanout-Stamm, d.h. $y \in V_F$, und $\{x_1, x_2, \ldots, x_n\}$ sei die Menge der Nachfolger von y in den modifizierten Dominanzbäumen der Fanout-Stämme.
  Dann sind bei der Berechnung des Überprüfungskriteriums der fanoutfreien Zonen folgende Schritte zusätzlich auszuführen:

  1. Für alle $x_\nu \in \{x_1, x_2, \ldots, x_n\}$:
     Falls $C_{x_\nu} \neq 0$ bzw. $vec(C_{x_\nu}) \neq (0, \ldots, 0)$, wird y_{x_ν} bzw. $vec(y_{x_\nu})$ durch eine explizite Fehlersimulation des Fanout-Stammes x_ν bis zum Fanout-Stamm y bestimmt. Das Ergebnis dieser Fehlersimulation, das durch $C_{x_\nu} \cdot y_{x_\nu}$ bzw. $vec(C_{x_\nu}) \cdot vec(y_{x_\nu})$ ausgedrückt werden kann, wird gespeichert.

  2. Für den Fanout-Stamm y:
     Das Überprüfungskriterium C_y bzw. $vec(C_y)$ muß entsprechend

$$C_y = C_y + \sum_{\nu=1}^{\nu=n} C_{x_\nu} \cdot y_{x_\nu} \tag{3.30a}$$

     bzw. unter Anwendung der parallelen Signalauswertung (siehe auch Kapitel 3.2.6)

$$vec(C_y) = vec(C_y) + \sum_{\nu=1}^{\nu=n} vec(C_{x_\nu}) \cdot vec(y_{x_\nu}) \tag{3.30b}$$

     modifiziert werden.

Für die oben charakterisierte Situation ergibt sich damit der folgende Sachverhalt bezüglich der Zahl der Gatterauswertungen, die bei der expliziten Fehlersimulation der Fanout-Stämme x_1, x_2, ..., x_n und y ausgeführt werden müssen. In beiden Fällen, mit und ohne Ausnutzung der Dominanzbeziehungen, müssen die Gatterauswertungen, die auf den Wegen zwischen den Fanout-Stämmen x_v und y notwendig sind, einmal vorgenommen werden. Werden die Dominanzbeziehungen berücksichtigt, so müssen die Wege vom Fanout-Stamm y zu den Schaltungsausgängen mit den auf ihnen anfallenden Gatterauswertungen ebenfalls nur einmal durchlaufen werden, wohingegen sie ohne Berücksichtigung der Dominanzbeziehungen (n + 1)-mal (für x_1, x_2, ..., x_n und für y) abgearbeitet werden müßten.

3.2.6. Fehlersimulation der Fanout-Stämme

Im folgenden werden zwei unterschiedliche Möglichkeiten zur Durchführung der Fehlersimulation für die reduzierte Zahl der Fanout-Stämme beschrieben, die mit Verfahren 1 und Verfahren 2 bezeichnet werden.

Im **Verfahren 1** wird die reduzierte Empfindlichkeitsmatrix $S^{(R)}$ spaltenweise für jedes einzelne Testmuster berechnet. Dabei wird selbstverständlich nur denjenigen Fanout-Stämmen Beachtung geschenkt, für die eine Fehlersimulation durch die Überprüfung der zugehörigen fanoutfreien Zone für nötig befunden wurde. Die Berechnung des Überprüfungskriteriums der fanoutfreien Zonen wird ebenfalls für jedes Testmuster einzeln gemäß (3.20) durchgeführt. Die Spalten von $S^{(R)}$ werden in geeigneter Weise in Teilvektoren, die die gleiche Länge wie die Maschinenworte des verwendeten Rechners besitzen, zerlegt, so daß jeder Teilvektor in einem Maschinenwort abgespeichert werden kann. Dabei werden natürlich nur Spalten berücksichtigt, die mindestens eine „1" enthalten. Diese parallele Empfindlichkeitsberechnung für die Fanout-Stämme weist große Ähnlichkeit zur Vorgehensweise bei der deduktiven Fehlersimulation [Arms72] auf, wenn man für diese eine auf dem Konzept der charakteristischen Vektoren basierende Implementierung [Breu76] zugrunde legt.

Im **Verfahren 2** wird die Fehlersimulation der Fanout-Stämme für jeweils einen Stamm in paralleler Auswertung für L Signalbelegungen durchgeführt. Dieses Verfahren ähnelt der Methode der *Parallel Pattern Single Fault Propagation* (PPSFP)-Fehlersimulation [KöSt85, Waic85].

Das Überprüfungskriterium für die fanoutfreien Zonen wird dabei in paralleler Auswertung für L Testmuster berechnet. Dies erfolgt entsprechend der durch (3.24) ausgedrückten Berechnungsvorschrift, deren praktische Anwendung Gl. (3.25) anhand der fanoutfreien Zone G_h der Schaltung C veranschaulicht. Darauf aufbauend werden im folgenden die einzelnen Schritte des Verfahrens 2 am Beispiel des Fanout-Stammes h und seiner zugehörigen fanoutfreien Zone G_h detailliert erläutert. In Anschluß an die mittels paralleler Signalauswertung durchgeführte Berechnung des Überprüfungskriteriums gemäß (3.25) wird eine Fehlersimulation für den Fanout-Stamm h für notwendig befunden, falls

$$\mathrm{vec}(C_h) \neq (0,\ldots,0). \tag{3.31}$$

In diesem Fall wird die Fehlersimulation des Fanout-Stammes h mit Hilfe der Operation

$$\mathrm{vec}(h^f) = \mathrm{vec}(h) \oplus \mathrm{vec}(C_h) \tag{3.32}$$

initialisiert. Diese Maßnahme wird als Fehlerinjektion (*fault injection*) bezeichnet. Durch die Fehlerinjektion gemäß (3.32) werden die aus der Gutsimulation bekannten Signalwerte des Fanout-Stammes h an all denjenigen Bitpositionen invertiert, die zu Testmustern gehören, für welche das Überprüfungskriterium C_h den Wert 1 liefert. Die Auswirkungen dieser Fehlerinjektion werden ausgehend von h mit Hilfe von parallel durchgeführten Gatterauswertungen entsprechend (3.14) in Richtung der Schaltungsausgänge fortgepflanzt. Dabei müssen all diejenigen Nachfahren des Fanout-Stammes h berücksichtigt werden, an denen ein Unterschied zwischen der Gutsimulation und der Fortpflanzung der Auswirkungen der Fehlerinjektion, im folgenden Fehlbelegungsfortpflanzung genannt, auftritt. Das Ziel der Fehlbelegungsfortpflanzung ist die Berechnung von

$$\begin{aligned} vec(O_h^f) &= vec(O_h) \cdot vec(C_h) \\ &= \left[vec(w_h) + vec(z_h) \right] \cdot vec(C_h) \\ &= vec(w_h^f) + vec(z_h^f). \end{aligned} \tag{3.33}$$

Natürlich kann die Fehlbelegungsfortpflanzung abgebrochen werden, wenn kein Unterschied zur Gutsimulation mehr vorhanden ist. Die verwendete Methode der Fehlerinjektion gemäß (3.32) stellt sicher, daß die Fehlbelegungsfortpflanzung so früh wie möglich beendet werden kann, da ein Fehler nur für diejenigen Bitpositionen injiziert wird, die zu Testmustern gehören, für die sich $C_h = 1$ ergab. Auf diese Weise wird eine weitere Reduktion der Zahl der Gatterauswertungen, die während der Fehlersimulation der Fanout-Stämme auszuführen sind, erzielt.

Falls die Fehlbelegungsfortpflanzung ein Ausgangssignal der Schaltung, z.B. w, erreicht, werden mit Hilfe der Operation

$$vec(w_h^f) = vec(w(h)) \oplus vec(w(h^f)) \tag{3.34}$$

diejenigen Testmuster ermittelt, für die der Fanout-Stamm h am Ausgangssignal w beobachtbar ist und für die $C_h = 1$ gilt. Anschließend werden all diejenigen bislang unerkannten Fehler der fanoutfreien Zone G_h als erkannt gekennzeichnet, die am Fanout-Stamm h für mindestens eines der durch die Operation (3.34) bestimmten Testmuster beobachtbar sind. Ist beispielsweise der Fehler d/0 noch unerkannt, d.h. $D(d/0) = 0$, und ist

$$vec(w_h^f) \cdot vec(d) \cdot vec(h_d) \neq (0,\ldots,0), \tag{3.35}$$

so wird der Fehler d/0 als erkannt markiert. Um alle unnötigen Gatterauswertungen zu vermeiden, wird das Überprüfungskriterium für die fanoutfreie Zone G_h jedesmal neu berechnet, wenn die Fehlbelegungsfortpflanzung einen Schaltungsausgang erreicht hat und weitere Fehler der fanoutfreien Zone entdeckt worden sind. Darüber hinaus werden im weiteren Verlauf der Fehlersimulation des Stammes h nur diejenigen der L Testmuster berücksichtigt, für welche sich h noch nicht als beobachtbar herausgestellt hat und die durch das neu bestimmte vec(C_h) gekennzeichnet sind.

Der Gesamtablauf des Fehlersimulationsverfahrens 2 ist im Bild 3.7 anhand eines Struktogrammes dargestellt.

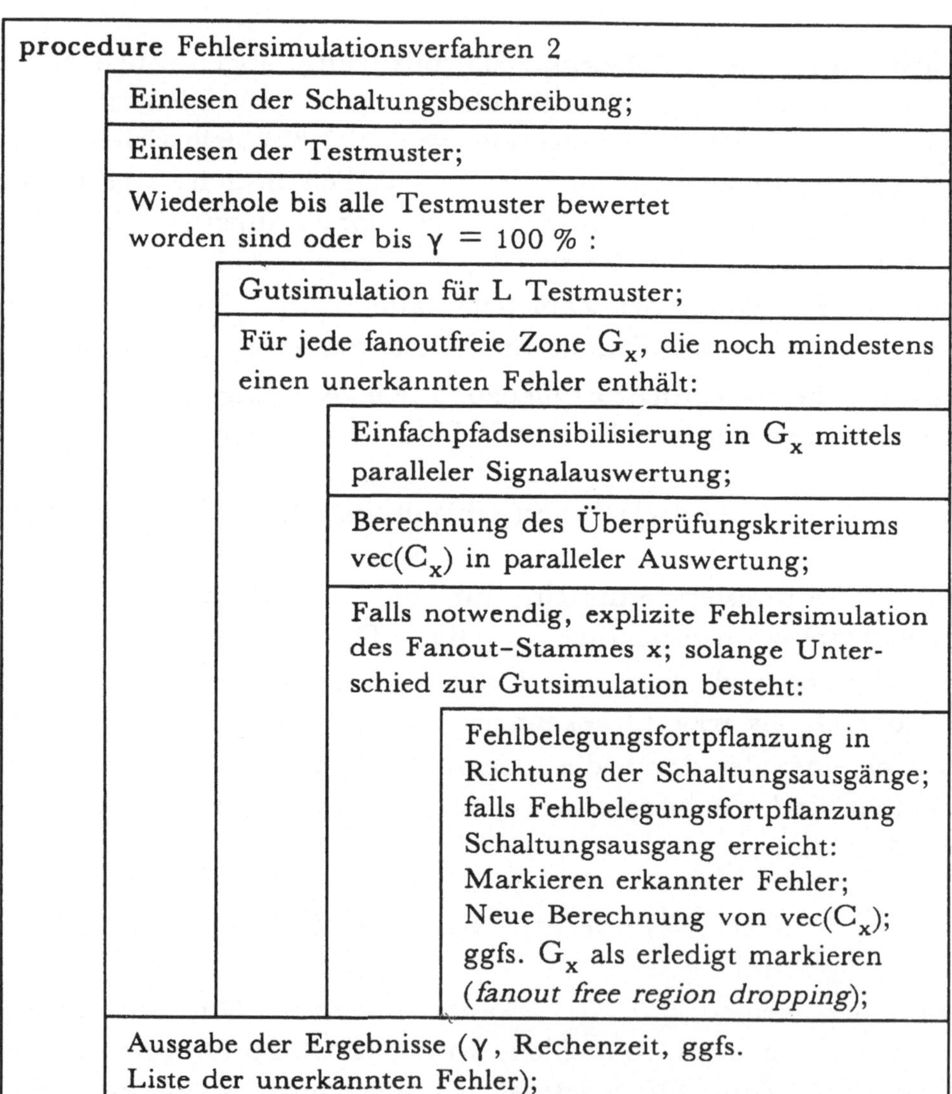

procedure Fehlersimulationsverfahren 2

- Einlesen der Schaltungsbeschreibung;
- Einlesen der Testmuster;
- Wiederhole bis alle Testmuster bewertet worden sind oder bis $\gamma = 100\ \%$:
  - Gutsimulation für L Testmuster;
  - Für jede fanoutfreie Zone G_x, die noch mindestens einen unerkannten Fehler enthält:
    - Einfachpfadsensibilisierung in G_x mittels paralleler Signalauswertung;
    - Berechnung des Überprüfungskriteriums vec(C_x) in paralleler Auswertung;
    - Falls notwendig, explizite Fehlersimulation des Fanout-Stammes x; solange Unterschied zur Gutsimulation besteht:
      - Fehlbelegungsfortpflanzung in Richtung der Schaltungsausgänge; falls Fehlbelegungsfortpflanzung Schaltungsausgang erreicht: Markieren erkannter Fehler; Neue Berechnung von vec(C_x); ggfs. G_x als erledigt markieren (*fanout free region dropping*);
- Ausgabe der Ergebnisse (γ, Rechenzeit, ggfs. Liste der unerkannten Fehler);

Bild 3.7: Struktogramm des Fehlersimulationsverfahrens 2

3.3. Mittlerer Rechenzeitaufwand

Der mittlere Rechenzeitaufwand, der zur Bearbeitung des Problems der Fehlersimulation in kombinatorischen Schaltungen benötigt wird, kann durch einen Quader veranschaulicht werden, dessen Dimensionen durch die Zahl der Gatter G, die Zahl der in der Schaltung modellierten Fehler F und die Zahl der zu simulierenden Testmuster N gegeben sind.

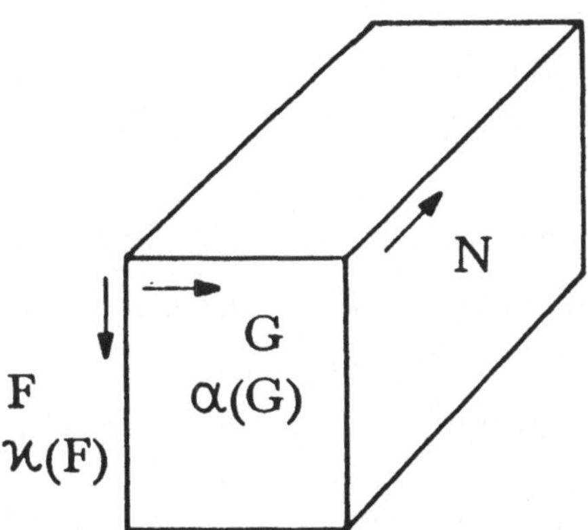

Bild 3.8: Mittlerer Rechenzeitaufwand zur Fehlersimulation

Bezeichnet man die Maschinenwortlänge des verwendeten Rechners wiederum mit L, die mittlere Zahl der pro L Testmuster zu simulierenden Fehler mit $\kappa(F)$ und die durchschnittliche Zahl der pro simuliertem Fehler auszuführenden Gatterauswertungen mit $\alpha(G)$, so kann der mittlere Rechenzeitaufwand zur Fehlersimulation mit

$$\overline{C}_T \sim \frac{N}{L} \cdot \left[G + k \cdot \kappa(F) \cdot \alpha(G) \right] \tag{3.36}$$

angegeben werden. Der Proportionalitätsfaktor 1/L in (3.36) trägt der Tatsache Rechnung, daß sämtliche Verfahrensschritte mittels paralleler Signalauswertung durchgeführt werden und somit pro Testmuster genau <u>ein</u> Bit benötigt wird. Der durch $(N \cdot G)/L$ beschriebene Anteil von $\overline{C}_T$ schließt dabei den Rechenzeitaufwand sämtlicher bezüglich der Gatterzahl linearen Verfahrensschritte der Fehlersimulation ein. Dies sind die Gutsimulation, die Einfachpfadsensibilisierung in den fanoutfreien Zonen, die Berechnung des Überprüfungskriteriums und das Markieren der erkannten Fehler. Der Term $(N \cdot k \cdot \kappa(F) \cdot \alpha(G))/L$ bezieht sich somit ausschließlich auf den zur expliziten Fehlersimulation der Fanout-Stämme notwendigen Aufwand, wobei k eine Proportionalitätskonstante darstellt.

Die in der vorliegenden Arbeit unterbreiteten Vorschläge zur Beschleunigung der Fehlersimulation in kombinatorischen Schaltungen zielen insbesondere auf eine Reduktion der Größen $\kappa(F)$ und $\alpha(G)$. Dabei ermöglichen

- die Anwendung des Konzepts der fanoutfreien Zonen und die sich daraus ergebende Beschränkung der expliziten Fehlersimulation auf die Fanout-Stämme,
- die Verwendung der Methode des *fault dropping*,
- die beschriebene Überprüfung der fanoutfreien Zonen vor der expliziten Fehlersimulation der Fanout-Stämme und
- die Benutzung des Unabhängigkeitskriteriums der Fanout-Zweige

eine erhebliche Verringerung von $\kappa(F)$, der mittleren Zahl der pro L Testmuster zu simulierenden Fehler. Dagegen schlagen sich

- die Ausnutzung der Dominanzbeziehungen zwischen den Fanout-Stämmen und
- die verbesserte Methode der Fehlerinjektion (Kapitel 3.2.6)

in einer wesentlichen Reduktion von $\alpha(G)$, der durchschnittlichen Zahl der pro simuliertem Fehler vorzunehmenden Gatterauswertungen, nieder.

Die im nachfolgenden Kapitel vorgelegten Rechenzeiten zeigen, daß die Verwendung der erwähnten Methoden zur Minimierung von $\kappa(F)$ und $\alpha(G)$ zu einer mittleren Rechenzeit führt, die bis zu hohen Schaltungskomplexitäten linear mit der Gatterzahl G ansteigt,

$$C_T \sim G, \tag{3.37}$$

was mit Sicherheit als ein besonderes Qualitätsmerkmal eines Fehlersimulators gewertet werden muß. Darüber hinaus beeinflußt natürlich die Proportionalitätskonstante k ebenfalls die zur Fehlersimulation erforderliche Rechenzeit. Aus diesem Grund ist es wichtig, auch ihren Wert so gering wie möglich zu gestalten. Dies kann u.a. durch eine sorgfältige

Vorgehensweise bei der Implementierung der Fehlersimulationsalgorithmen und insbesondere durch eine geschickte Bewältigung des in den einzelnen Verfahrensschritten anfallenden Aufwandes zur Verwaltung der Daten erreicht werden.

3.4. Experimentelle Ergebnisse und vergleichende Untersuchungen

Die beschriebenen Verfahren zur exakten und zur approximativen Fehlersimulation in kombinatorischen Schaltungen wurden auf einer Micro-VAX in der Programmiersprache C implementiert. Die binäre Maschinenwortlänge, die bisher allgemein mit L bezeichnet worden ist, besitzt somit den Wert 32. Die Verwendung der Programmiersprache C unterstützt die parallele Durchführung der Gutsimulation, der Einfachpfadsensibilisierung, der Überprüfung der fanoutfreien Zonen und der Fehlersimulation in hervorragender Weise, da sämtliche Bit-Operationen, die zur Implementierung der parallelen Auswertungen benötigt werden, Sprachelemente von C sind.

Mit den Verfahren 1 und 2 sowie dem beschleunigten *Fast Fault Grading* wurden für zehn bekannte kombinatorische Schaltungen [BrFu85], die häufig zu vergleichenden Untersuchungen (*benchmarks*) herangezogen werden, jeweils Testsätze aus 200 Zufallsmustern simuliert. Die Merkmale dieser Benchmark-Schaltungen sind im Anhang aufgeführt. Tabelle 3.2 faßt die Ergebnisse der exakten und approximativen Fehlersimulationen zusammen.

Aus Tabelle 3.2 wird zunächst ersichtlich, daß das approximative Verfahren für eine Fehlersimulation von 200 Zufallsmustern erheblich weniger Rechenzeit in Anspruch nimmt als die beiden exakten Fehlersimulatoren. Die vom approximativen Verfahren gelieferten Näherungswerte weisen dabei nur geringe Abweichungen vom exakten Wert des Fehlerüberdeckungsgrades auf, die in allen betrachteten Simulationsbeispielen unterhalb 3 % liegen.

Die relativ geringen Rechenzeiten in Tabelle 3.2 unterstreichen die Effektivität der in dieser Arbeit beschriebenen Verfahren und weisen damit ihre wirtschaftliche Einsetzbarkeit auf Minirechnern und Workstations nach. Selbst für die größte Schaltung c7552, die aus etwa 3700 Signalen besteht und 1300 Fanout-Stämme enthält, konnten eine exakte Fehlersimulation für 200 Testmuster in ca. 45 CPU-Sekunden (Verfahren 2) und eine approximative Fehlersimulation in ca. 15 CPU-Sekunden auf einer Micro-VAX durchgeführt werden. Die Ergebnisse in Tabelle 3.2 verdeutlichen außerdem, daß das Fehlersimulationsverfahren 2 in allen Fällen mit Ausnahme der Schaltung c6288 wesentlich re-

Schaltung	Fehlerüberdeckungsgrad [%]		CPU-Zeiten [sek.]		
	Exakt	Appr.	Verfahren 1	Verfahren 2	Appr.
c432	96.37	96.37	10.4	2.0	0.9
c499	96.57	96.57	11.1	2.9	0.9
c880	93.74	94.06	17.7	4.4	1.6
c1355	91.99	91.87	29.4	7.5	2.8
c1908	83.82	83.77	50.5	16.8	3.7
c2670	80.62	81.31	77.4	12.7	5.1
c3540	87.95	85.82	102.9	37.2	7.1
c5315	96.45	96.60	116.1	21.5	11.2
c6288	99.56	99.56	91.8	154.1	12.5
c7552	89.53	90.62	191.2	45.5	15.3

Tabelle 3.2: Exakte und approximative Fehlersimulation von 200 Zufallsmustern; Fehlerüberdeckungsgrad und CPU-Zeiten (Micro-VAX)

chenzeitsparender als das Fehlersimulationsverfahren 1 arbeitet. Darüber hinaus zeigt ein Vergleich des Verfahrens 2 mit einem compiler-gesteuerten Fehlersimulationsalgorithmus, der kürzlich in der Literatur vorgestellt worden ist [DaGe87], daß die erzielten Rechenzeiten und damit auch die erreichten Simulationsgeschwindigkeiten der beiden unterschiedlichen Simulatoren in der gleichen Größenordnung liegen. Das Ergebnis dieses Vergleichs wird durch die Tatsache aufgewertet, daß compiler-gesteuerten Fehlersimulationsverfahren üblicherweise erheblich höhere Simulationsgeschwindigkeiten als tabellengesteuerten Fehlersimulationsverfahren attestiert werden. Darüber hinaus setzt die Anwendung von compiler-gesteuerten Simulationsverfahren die Compilierung der Schaltung in ein ablauffähiges Programm voraus. Zur Durchführung dieser Compilierung sind beträchtliche Rechenzeiten erforderlich, die die in Tabelle 3.2 aufgeführten reinen Simulationszeiten in der Regel deutlich übersteigen.

Im Bild 3.9 ist die vom Verfahren 1 zur Fehlersimulation von 200 Zufallsmustern beanspruchte Rechenzeit über der Gatterzahl der simulierten Schaltung aufgetragen. Es zeigt sich, daß die zur Fehlersimulation benötigte Rechenzeit für den Größenbereich der Benchmark-Schaltungen (160 – 3500 Gatter) in guter Näherung linear mit der Gatterzahl der simulierten Schaltung ansteigt.

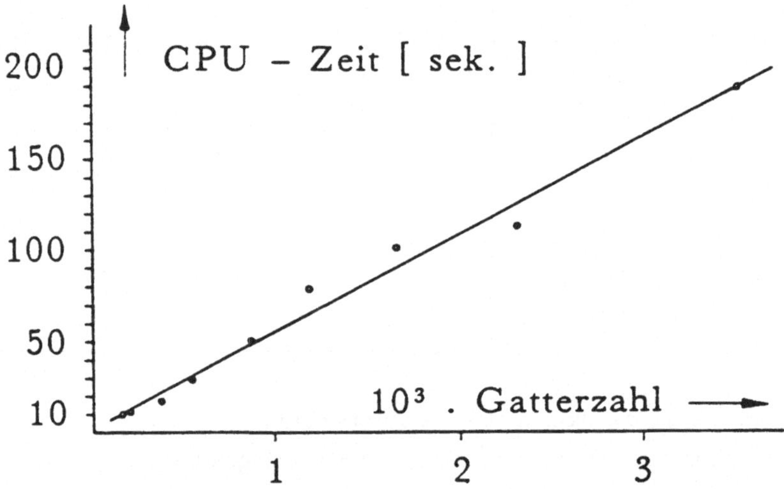

Bild 3.9: Graphische Darstellung der zur Fehlersimulation benötigten Rechenzeit (Micro-VAX) über der Gatterzahl der simulierten Schaltung für 200 Zufallsmuster (Verfahren 1)

Um den aufwandsreduzierenden Einfluß der in dieser Arbeit beschriebenen Methoden zu belegen und zu verdeutlichen, wurden mehrere vergleichende Untersuchungen angestellt. Im Bild 3.10 ist ein Vergleich des Fehlersimulationsverfahrens 1 mit zwei unterschiedlich modifizierten Implementierungen, die mit Verfahren 1' und Verfahren 1'' bezeichnet werden, dargestellt. Verfahren 1' führt keine Überprüfung der fanoutfreien Zonen vor der Fehlersimulation der Fanout-Stämme durch. Im Gegensatz dazu nimmt Verfahren 1'' die Überprüfung der fanoutfreien Zonen zwar vor, führt jedoch die vorausgehende Einfachpfadsensibilisierung in den fanoutfreien Zonen nicht parallel für 32 Testmuster, sondern für jedes Testmuster einzeln durch.

Bild 3.10 hebt die Vorteile hervor, die sich aus der Anwendung des Überprüfungskriteriums für die fanoutfreien Zonen und aus der parallelen Durchführung der Einfachpfadsensibilisierung innerhalb der fanout-

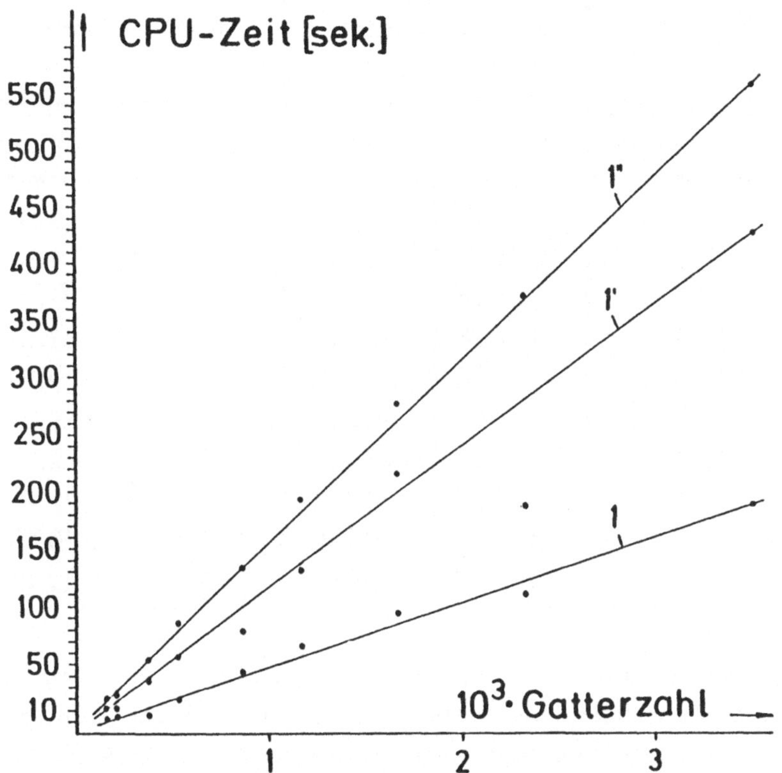

Bild 3.10: Einfluß der Anwendung des Überprüfungskriteriums der fanoutfreien Zonen und der parallelen Durchführung der Einfachpfadsensibilisierung in den fanoutfreien Zonen

freien Zonen ergeben. Die Überprüfung der fanoutfreien Zonen ermöglicht in allen Fällen eine Beschleunigung der Fehlersimulation um etwa den Faktor zwei. Der Einfluß der parallelen Durchführung der Einfachpfadsensibilisierung ist noch gravierender. Mit ihrer Hilfe kann der Rechenzeitaufwand zur Fehlersimulation in allen betrachteten Simulationsbeispielen sogar um etwa den Faktor drei verringert werden. Erwähnenswert ist noch, daß die von den beiden Verfahren 1' und 1'' benötigte Rechenzeit nach wie vor in guter Näherung linear mit der Zahl der Gatter in der simulierten Schaltung steigt.

Tabelle 3.3 veranschaulicht die Aufwandseinsparungen, die sich aus der Anwendung der parallelen Signalauswertung bei der Berechnung des Überprüfungskriteriums der fanoutfreien Zonen, aus der Ausnutzung

Schaltung	Zahl d. Fanout-Stämme mit Dominatoren	Zahl d. Gatterauswertungen		CPU-Zeiten [sek.]	
		Verf. 2	Verf. 2'	Verf. 2	Verf. 2'
c432	1	1646	7652	1.0	4.8
c499	0	3856	4903	2.6	4.0
c880	30	5234	9676	2.7	7.1
c1355	200	11048	35115	7.1	22.9
c1908	180	24284	52199	14.3	39.0
c2670	310	14419	34028	9.8	39.7
c3540	182	59246	211919	33.1	142.4
c5315	426	21586	61871	16.8	93.4
c6288	0	263916	380260	129.6	226.0
c7552	740	66349	166590	44.7	290.8

Tabelle 3.3: Zahl der Fanout-Stämme, die einen Dominator besitzen; Einfluß der parallelen Signalauswertung bei der Überprüfung der fanoutfreien Zonen, der Ausnutzung der Dominanzbeziehungen und der verbesserten Methode der Fehlerinjektion

der Dominanzbeziehungen zwischen den Fanout-Stämmen und aus der Verwendung der verbesserten Methode der Fehlerinjektion ergeben. Mit dem Fehlersimulationsverfahren 2 und einer modifizierten Version, die mit Verfahren 2' bezeichnet ist, wurden jeweils Fehlersimulationen für Testsätze, die vom automatischen Testmustergenerierungssystem SOCRATES (Kapitel 4) erstellt wurden, durchgeführt. Die Charakteristika dieser Testsätze (Zahl der Testmuster, erzielter Fehlerüberdeckungsgrad) können Tabelle 4.1 entnommen werden. Im Unterschied zu Verfahren 2, das von allen in dieser Arbeit vorgelegten Beschleunigungsvorschlägen Gebrauch macht, nutzt Verfahren 2' weder die Dominanzbeziehungen zwischen den Fanout-Stämmen noch die verbesserte Methode der Fehlerinjektion aus und verwendet darüber hinaus die parallele Signalauswertung nur während der Gutsimulation und der Einfachpfadsensibilisierung, nicht aber während der Berechnung des Überprüfungskriteriums der fanoutfreien Zonen.

Tabelle 3.3 enthält für alle Benchmark-Schaltungen die Zahl der Fanout-Stämme, die einen Dominator besitzen, sowie eine vergleichende Gegenüberstellung der mit den beiden Verfahren 2 und 2' erzielten Ergebnisse. Daraus geht hervor, daß Verfahren 2 einen bis zu 85 % geringeren Rechenzeitbedarf als Verfahren 2' aufweist und mit bis zu 78 % weniger Gatterauswertungen auskommt, wodurch die aufwandsreduzierenden Auswirkungen der parallelen Signalauswertung während der Überprüfung der fanoutfreien Zonen, der Ausnutzung der Dominanzbeziehungen zwischen den Fanout-Stämmen und der verbesserten Fehlerinjektionsmethode eindrucksvoll nachgewiesen werden.

In einem weiteren Experiment wurden jeweils exakte und approximative Fehlersimulationen von 20 000 Zufallsmustern für die zehn Benchmark-Schaltungen durchgeführt. Da sich aufgrund der Resultate für die Fehlersimulation von 200 Zufallsmustern Verfahren 2 eindeutig gegenüber Verfahren 1 favorisieren läßt (Tabelle 3.2), wurde nur Verfahren 2 für die exakte Fehlersimulation der 20 000 Zufallsmuster eingesetzt.

Die in Tabelle 3.4 aufgeführten Ergebnisse unterlegen die Leistungsfähigkeit und den geringen Rechenzeitbedarf der beschriebenen Fehlersimulationsverfahren nachdrücklich. Selbst für diese verhältnismäßig große Anzahl simulierter Testmuster bewegen sich die auf einer Micro-VAX erzielten Rechenzeiten im Bereich einiger weniger CPU-Minuten. Darüber hinaus führt ein Vergleich der vom exakten und vom approximativen Fehlersimulator benötigten Rechenzeiten zu der interessanten und zunächst überraschenden Erkenntnis, daß das exakte Verfahren die Fehlersimulation der 20 000 Zufallsmuster in allen Fällen mit wesentlich geringerem Aufwand als die beschleunigte Testsatzbewertungsmethode bewältigt. Im Gegensatz dazu beanspruchten die exakten Fehlersimulatoren für die Simulation von 200 Zufallsmustern erheblich höhere Rechenzeiten als das beschleunigte *Fast Fault Grading* (Tabelle 3.2).

Die Ursache dieses Effektes liegt in den unterschiedlichen Vorgehensweisen der beiden Methoden begründet und ist im Bild 3.11 veranschaulicht. Das exakte Fehlersimulationsverfahren berücksichtigt nur diejenigen fanoutfreien Zonen, die noch mindestens einen unerkannten Fehler beinhalten, und führt eine Fehlersimulation nur für diejenigen Fanout-Stämme durch, für die sich dies durch die Überprüfung der

Schaltung	Fehlerüberdeckungsgrad [%]		CPU-Zeiten [sek.]	
	Exakt	Appr.	Verfahren 2	Appr.
c432	99.24	99.24	21.7	79.9
c499	98.94	98.94	30.7	80.9
c880	100.00	100.00	27.8	89.3
c1355	99.49	99.49	79.4	248.7
c1908	99.52	99.47	120.1	337.7
c2670	83.89	84.05	431.1	450.8
c3540	96.00	93.79	295.8	637.7
c5315	98.90	98.90	292.8	991.5
c6288	99.56	99.56	387.7	1124.7
c7552	94.94	96.22	673.8	1362.2

Tabelle 3.4: Exakte und approximative Fehlersimulation von 20 000 Zufallsmustern; Fehlerüberdeckungsgrad und CPU-Zeiten (Micro-VAX)

zugehörigen fanoutfreien Zone als notwendig erwiesen hat. Da mit der steigenden Zahl simulierter Muster die Zahl der erkannten Fehler zunimmt und damit i.a. auch die Zahl der fanoutfreien Zonen, die keine unerkannten Fehler mehr enthalten, wächst, können im weiteren Verlauf des Fehlersimulationsprozesses immer mehr fanoutfreie Zonen vollständig außer acht gelassen werden (*fanout free region dropping*). Demzufolge verringert sich die Rechenzeit, die pro simuliertem Testmuster benötigt wird, drastisch. Das approximative Verfahren hingegen beginnt immer an den Schaltungsausgängen und durchläuft für alle zu bewertenden Testmuster alle fanoutfreien Zonen, um auf heuristische Weise die Beobachtbarkeiten der Fanout-Stämme zu bestimmen. Aus diesem Grund bleibt die für die Simulation eines Testmuster erforderliche Rechenzeit konstant und verringert sich nicht.

Im Bild 3.11 ist die Rechenzeit, die pro simuliertem Testmuster benötigt wird, schematisch über der Zahl der simulierten Zufallsmuster aufgetragen. Der Schnittpunkt S wird beispielsweise für die Schaltung

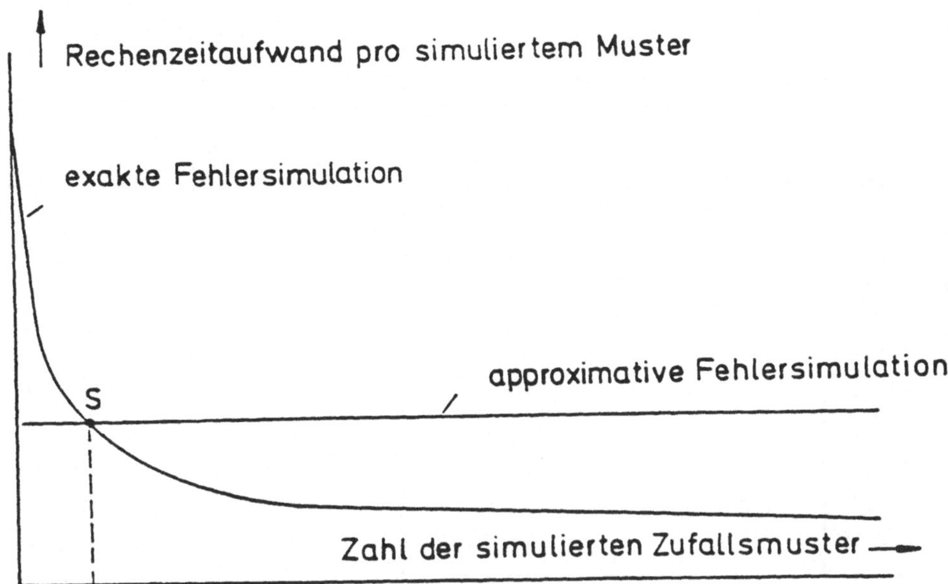

Bild 3.11: Rechenzeit pro Testmuster über der Zahl der simulierten Zufallsmuster

c1355 bereits nach 96 Zufallsmustern, die einen Fehlerüberdeckungsgrad von ungefähr 88 % liefern, erreicht. Die Lage des Schnittpunktes S hängt i.a. jedoch stark von der Struktur der Schaltung und ihrer Zufallsmustertestbarkeit ab.

Tabelle 3.5 vergleicht das in dieser Arbeit beschriebene Fehlersimulationsverfahrens 2 mit einer Laborversion der PPSFP-Fehlersimulationsmethode [KöSt85, Waic85]. In der PPSFP-Fehlersimulationsmethode wird bekanntlich kein Gebrauch vom Konzept der fanoutfreien Zonen und der Möglichkeit, die Fehlersimulation auf die Fanout-Stämme zu beschränken, gemacht.

Die Rechenzeiten in Tabelle 3.5 verdeutlichen, daß das Fehlersimulationsverfahren 2 bei allen Schaltungen für die Fehlersimulation sowohl von 200 als auch von 20 000 Zufallsmustern wesentlich weniger Rechenzeit beansprucht als die Laborversion der PPSFP-Fehlersimulationsmethode. Dies unterstreicht, daß durch die Anwendung des Konzepts der fanoutfreien Zonen in Verbindung mit der parallelen Berechnung des Überprüfungkriteriums erhebliche Rechenzeitgewinne bei der Fehlersimulation in kombinatorischen Schaltungen erzielt werden können.

Schaltung	200 Zufallsmuster		20 000 Zufallsmuster	
	Verfahren 2	PPSFP	Verfahren 2	PPSFP
c432	2.0	2.8	21.7	27.0
c499	2.9	7.2	30.7	52.6
c880	4.4	8.2	27.8	37.1
c1355	7.5	31.1	79.4	118.5
c1908	16.8	46.6	120.1	168.3
c2670	12.7	25.5	431.1	794.8
c3540	37.2	69.3	295.8	367.6
c5315	21.5	58.2	292.8	386.0
c6288	154.1	451.8	387.7	757.7
c7552	45.5	108.67	673.8	1098.7

Tabelle 3.5: Rechenzeiten [sek.] des Fehlersimulationsverfahrens 2 und einer Laborversion der PPSFP-Fehlersimulationsmethode für 200 und 20 000 Zufallsmuster (Micro-VAX)

Darüber hinaus fällt auf, daß die relativen Unterschiede in den Rechenzeiten abnehmen, wenn die Zahl der simulierten Muster von 200 auf 20 000 erhöht wird. Dies legt die Vermutung nahe, daß die Effektivität der PPSFP-Fehlersimulationsmethode mit der Zahl der erkannten Fehler und damit i.a. auch mit der Zahl der simulierten Muster steigt.

4. Automatische Testmustergenerierung in kombinatorischen Schaltungen

Während die Erstellung qualitativ hochwertiger Testsätze für Schaltungen kleineren Integrationsgrades (z.B. SSI-, MSI-Schaltungen) manuell durchgeführt werden konnte, ist dies für hochintegrierte Schaltungen nur unter Zuhilfenahme von Rechnerunterstützung möglich. Aus diesem Grund kommt der Syntheseaufgabe der automatischen Testmustergenerierung ständig wachsende Bedeutung in Bezug auf die Qualitätssicherung der gefertigten Schaltkreise zu. Ihre Zielsetzung besteht in der Generierung eines Testsatzes, der eine möglichst vollständige Erkennung der Fehler, die durch das zugrundegelegte Fehlermodell berücksichtigt werden, sicherstellt. Wie bei der Fehlersimulation beschränkt man sich auch bei der automatischen Testmustergenerierung aus Aufwands- und Komplexitätsgründen auf einfache Fehlermodelle.

Die bekannten Verfahren zur automatischen Testmustergenerierung für digitale Schaltungen lassen sich in

- **zufallsbasierte,**
- **funktionale** und
- **deterministische**

Verfahren klassifizieren. Die deterministischen Verfahren können weiter unterteilt werden in

- **algebraische** und
- **strukturelle**

Methoden. Die algebraischen Methoden beruhen größtenteils auf der Berechnung von globalen Signalempfindlichkeiten mittels Boolescher Differenzen. Da die Berechnung der globalen Booleschen Differenzen mit zunehmender Schaltungsgröße sehr aufwendig wird, haben die algebraischen Methoden im Zuge der ständig steigenden Komplexität digitaler Schaltungen an Bedeutung verloren. Aus diesem Grund werden im folgenden die strukturellen deterministischen Methoden verallgemeinernd mit deterministischen Testmustergenerierungsmethoden bzw. -verfahren bezeichnet.

In diesem Kapitel werden zunächst die grundlegenden Prinzipien der deterministischen Testmustergenerierung vorgestellt. Anschließend folgt eine detaillierte Beschreibung mehrerer Strategien und Methoden, die zu einer erheblichen Verbesserung und Beschleunigung der bekannten deterministischen Testmustergenerierungsalgorithmen geführt haben. Sie sind ebenso wie der im vorausgehenden Kapitel beschriebene Algorithmus zur schnellen Fehlersimulation (Verfahren 2) im automatischen Testmustergenerierungssystem SOCRATES implementiert [Schu87b, Schu88, SzAu88].

4.1. Deterministische Testmustergenerierung als Suchproblem mit finitem Suchraum

4.1.1. Problemformulierung

Zur Formulierung des Problems der automatischen Testmustergenerierung wird die im Bild 4.1 schematisch dargestellte kombinatorische Schaltung benutzt.

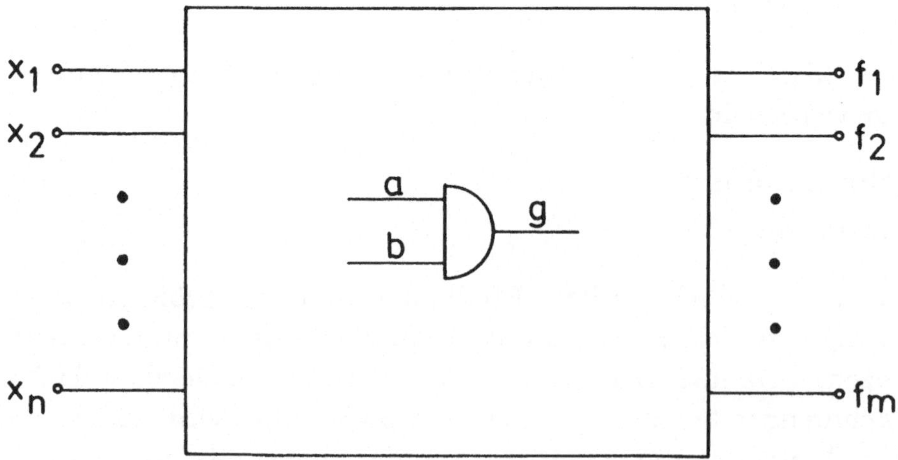

Bild 4.1: Schematische Darstellung einer kombinatorischen Schaltung zur Formulierung des Problems der automatischen Testmustergenerierung

Die Schaltungseingänge (Primäreingänge, *Primary Inputs*) sind mit x_1, x_2, ..., x_n und die Schaltungsausgänge (Primärausgänge, *Primary Outputs*) mit f_1, f_2, ..., f_m bezeichnet. Die funktionale Abhängigkeit eines beliebigen internen Signals g der Schaltung von den Schaltungseingängen x_1, x_2, ..., x_n kann durch die Boolesche Funktion G ausgedrückt werden.

$$g = G(x_1, x_2, \ldots, x_n) \tag{4.1}$$

Analog zu Gl. (4.1) läßt sich die funktionale Abhängigkeit der Schaltungsausgänge f_j ($j = 1, 2, \ldots, m$) vom Signal g und von den Schaltungseingängen x_1, x_2, ..., x_n durch Boolesche Funktionen F_j beschreiben.

$$f_j = F_j(g, x_1, x_2, \ldots, x_n) \tag{4.2}$$

Natürlich gilt für $i = 1, 2, \ldots, n$ und für $j = 1, 2, \ldots, m$

$$x_i \in \{0,1\},\ f_j \in \{0,1\},\ g \in \{0,1\}. \tag{4.3}$$

Damit kann das Problem der Testmustergenerierung für den *stuck-at-0* Fehler am Signal g (g/0) als das Problem formuliert werden, eine Lösung für das folgende System Boolescher Gleichungen zu finden.

$$G(x_1, x_2, \ldots, x_n) = 1 \tag{4.4a}$$

$$\underset{\substack{j \in \{1,2, \\ \ldots,m\}}}{\exists} \left[F_j(1, x_1, x_2, \ldots, x_n) \oplus F_j(0, x_1, x_2, \ldots, x_n) \right] = 1 \tag{4.4b}$$

Das zur Testmustergenerierung für den Fehler g/1 zu lösende Gleichungssystem ergibt sich dementsprechend zu

$$G(x_1, x_2, \ldots, x_n) = 0 \tag{4.5a}$$

$$\underset{\substack{j \in \{1,2, \\ \ldots,m\}}}{\exists} \left[F_j(1, x_1, x_2, \ldots, x_n) \oplus F_j(0, x_1, x_2, \ldots, x_n) \right] = 1. \tag{4.5b}$$

Den Fehler g/0 bzw. g/1, für den die Testmustergenerierung mittels der Lösung des Gleichungssystems (4.4) bzw. (4.5) durchgeführt wird, bezeichnet man üblicherweise als den Zielfehler der deterministischen Testmustergenerierung (*target fault*). Dabei beziehen sich die Gln. (4.4a) und (4.5a) auf die Stimulierung des Zielfehlers, d.h. auf die Erzeugung der Fehlerbelegung, und die Gln. (4.4b) und (4.5b) auf die Sicherstellung der Beobachtbarkeit des Signals g an mindestens einem der Schaltungsausgänge, d.h. auf die Erzeugung der Sensibilisierungsbelegung. Die Lösung der Gleichungssysteme (4.4) bzw. (4.5) liefert eine binäre Eingangsbelegung der Schaltung, die ein Testmuster für den vorgegebenen Zielfehler darstellt.

Zur Erstellung der Fehlerbelegung müssen die Schaltungseingänge mit geeigneten Werten beaufschlagt werden, die am Ort des Zielfehlers die zur Fehlerannahme invertierte Signalbelegung (z.B. $g = 1$ für den Fehler g/0) hervorrufen und damit zur gewünschten Stimulierung des Zielfehlers führen. Um die Beobachtbarkeit des Zielfehlers zu gewährleisten, müssen seine Auswirkungen über einen oder mehrere Signalpfade zu mindestens einem der Ausgangssignale der Schaltung fortgepflanzt werden. Dazu müssen zunächst die geeigneten Pfade sensibilisiert werden und anschließend die zur Sensibilisierung benötigten logischen Werte durch eine geeignete Belegung der Schaltungseingänge sichergestellt werden.

Das Problem der automatischen Testmustergenerierung gehört selbst für kombinatorische Schaltungen der Klasse der **NP-vollständigen Probleme** an [FuTo82]. Entsprechend einem Vorschlag von Goel [Goel81a] kann es als ein **Suchproblem mit begrenztem (finitem) Suchraum** betrachtet werden. Für eine Schaltung mit n Primäreingängen existieren 2^n verschiedene binäre Eingangsbelegungen. Diese bilden die Punkte des n-dimensionalen, diskreten und finiten Suchraums. Da in der Regel nur ein kleiner Teil dieser 2^n Eingangsbelegungen eine Lösung der oben aufgeführten Gleichungssysteme (4.4) bzw. (4.5) darstellt, kann das Problem der deterministischen Testmustergenerierung als das Problem der Suche nach einem Punkt im Suchraum, der einem Testmuster für den Zielfehler entspricht und folglich auch eine Lösung des Suchproblems repräsentiert, aufgefaßt werden.

Die Eigenschaften des Problems der deterministischen Testmustergenerierung erfüllen die Voraussetzungen für die Anwendung einer

systematischen Suche und der **Split-and-Prune-Methode** [Pear84]. Das Prinzip einer systematischen Suche nach einer Lösung für das zugrundeliegende Problem besteht darin, daß **jeder** Punkt des Suchraums **genau einmal** untersucht wird. Die *Split-and-Prune*-Methode ist gekennzeichnet durch die Eigenschaften, daß die gesamte Menge der im Suchraum existierenden Punkte rekursiv in gegenseitig **disjunkte Untermengen** aufgespalten wird (*splitting*) und ggfs. für ganze Mengen von Punkten des Suchraums erkannt wird, daß sie keine Lösung des Suchproblems enthalten (*pruning*). Dabei ist von besonderer Bedeutung, daß nur die Mengen als Ganzes und nicht ihre sämtlichen Elemente einzeln betrachtet werden müssen. Dies ermöglicht in praktischen Anwendungen eine z.T. erhebliche Rechenzeitersparnis.

Die modernen deterministischen Testmustergenerierungsalgorithmen nutzen die Eigenschaften des ihnen zugrundeliegenden Problems in vorteilhafter Weise aus und führen eine systematische Suche unter Anwendung der *Split-and-Prune*-Methode durch. Zu diesem Zweck bauen sie während der deterministischen Generierung eines Testmusters einen **Entscheidungsbaum** auf und benutzen ein **Backtracking-Suchverfahren** [Goel81a, Fuji83, Schu87b], um zu einer Lösung des Problems zu gelangen. Sobald eine Lösung, d.h. ein Testmuster für den vorgegebenen Zielfehler gefunden worden ist, wird der Suchprozeß beendet.

4.1.2. Entscheidungsbaum und Backtracking

Die Struktur des Entscheidungsbaums und die Vorgehensweise bei dessen Aufbau müssen die Betrachtung aller existierenden Eingangsbelegungen ermöglichen. Nur in diesem Fall kann jede Eingangsbelegung bezüglich ihrer Eigenschaft, ein Testmuster für den Zielfehler darzustellen, untersucht werden.

Der Entscheidungsbaum besteht aus Knoten und Kanten. Jeder Knoten des Entscheidungsbaums steht in direktem Bezug zu einer Wertzuweisung an ein Signal und ist mit dem Namen bzw. der Nummer dieses Signals sowie dem logischen Wert, der dem Signal zugewiesen wurde, gekennzeichnet. Nachdem eine Wertzuweisung getroffen wurde, werden anschließend sofort alle Implikationen, die sich aus dieser Wertzuweisung ergeben, ausgeführt. Dies bedeutet, daß all diejenigen logischen Werte, die vom deterministischen Testmustergenerierungsalgorithmus aufgrund der bereits vorgenommenen Wertzuweisungen eindeutig bestimmt werden können, den entsprechenden Signalen zugewiesen werden. Ein Knoten des Entscheidungsbaums faßt somit die Wertzuweisung, durch die er gekennzeichnet ist, und alle anschließend ausgeführten Implikationen zusammen.

Für die Vorgehensweise beim Aufbau des Entscheidungsbaums während der deterministischen Generierung eines Testmusters ist die Unterscheidung zwischen **obligatorischen** und **optionalen Wertzuweisungen** von entscheidender Bedeutung.

- Definition der Begriffe der obligatorischen Wertzuweisung und der optionalen Wertzuweisung:
  Eine Wertzuweisung an ein Signal heißt obligatorisch, wenn sie zur Generierung eines Testmusters für den Zielfehler unbedingt vorgenommen werden muß. Dies impliziert, daß keine Lösung des Gleichungssystems (4.4) bzw. (4.5) existiert, falls diesem Signal ein anderer logischer Wert zugewiesen wird. Eine Wertzuweisung, die nicht obligatorisch ist, heißt optional.

Die optionalen Wertzuweisungen treten entsprechend obiger Definition in denjenigen Situationen auf, in denen mehrere Möglichkeiten (Alternativen) zur Einstellung eines gewünschten Wertes am Ausgangssignal eines Gatters oder zur Fortpflanzung der Effekte des vorgegebenen Zielfehlers in Richtung der Schaltungsausgänge existieren. In der Schaltung aus Bild 4.1 ist beispielsweise die Wertzuweisung $g = 0$ für die Generierung eines Testmusters für den Fehler g/1 obligatorisch, da sie die Fehlerbelegung darstellt. Dagegen ist die Wertzuweisung $a = 0$ optional, da der Wert 0 am Signal g auch durch die Wertzuweisung $b = 0$ eingestellt werden kann. Im Falle des Fehlers g/0 wären sämtliche Wertzuweisungen $g = 1$, $a = 1$ und $b = 1$ obligatorisch, da $g = 1$ wiederum die Fehlerbelegung verkörpert und $g = 1$ nur durch $a = 1$ und $b = 1$ sichergestellt werden kann.

Eine Schwäche deterministischer Testmustergenerierungsalgorithmen besteht darin, daß sie aufgrund ihrer lokalen Betrachtungsweise der Schaltung i.a. nicht alle obligatorischen Wertzuweisungen als solche erkennen können. Gleichermaßen sind die deterministischen Testmustergenerierungsalgorithmen je nach Qualität und Mächtigkeit der verwendeten Implikationsprozeduren meist nicht in der Lage, alle logischen Werte, die aufgrund der bereits getroffenen Wertzuweisungen eindeutig bestimmt sind, zu identifizieren und den entsprechenden Signalen zuzuweisen. Dies bedeutet, daß ggfs. nur eine Teilmenge aller möglichen Implikationen wirklich ausgeführt wird.

Die erkannten obligatorischen Wertzuweisungen sind im Wurzelknoten des Entscheidungsbaums zusammengefaßt. Mit der Ausführung jeder optionalen und jeder unerkannten obligatorischen Wertzuweisung, die nicht als Implikation aus anderen Wertzuweisungen getroffen wird, entsteht ein neuer Knoten im Entscheidungsbaum. Die unerkannten obligatorischen Wertzuweisungen werden somit wie optionale Wertzuweisungen behandelt und sind nicht im Wurzelknoten des Entscheidungsbaums enthalten.

Die verschiedenen in der Literatur bekannten Algorithmen zur deterministischen Testmustergenerierung unterscheiden sich bezüglich der Signale, an denen optionale Wertzuweisungen, die nicht Implikationen aus anderen Wertzuweisungen sind, vorgenommen werden dürfen, und somit auch bezüglich der Signale, an denen neue Knoten im Entscheidungsbaum entstehen können. Im D-Algorithmus [Roth66] sind dies beispielsweise alle Signale, in PODEM [Goel81a] nur die Schaltungseingänge und in FAN [Fuji83] sowie dem deterministischen Testmustergenerierungsalgorithmus in SOCRATES [Schu87b] die *Head Lines* und unter gewissen Bedingungen auch die Fanout-Stämme.

Bild 4.2 zeigt einen Entscheidungsbaum, wie er typischerweise von FAN oder dem deterministischen Algorithmus in SOCRATES zur Testmustergenerierung für den Fehler g/1 der im Bild 4.1 dargestellten Schaltung aufgebaut würde. Den Wurzelknoten des Entscheidungsbaums bildet die obligatorische Wertzuweisung $g = 0$, die zur Stimulierung des Fehlers g/1 zwingend erforderlich ist. Die in den übrigen Knoten eingetragenen Wertzuweisungen sind optional. An den Knoten, die mit „$g = 0$", „$x_1 = 1$" und „$x_3 = 0$" gekennzeichnet sind, existieren Entscheidungsmöglichkeiten, die im bisherigen Verlauf des Suchprozesses noch nicht in Betracht gezogen worden sind. Die Markierung „✱" an den Knoten mit der Kennzeichnung „$x_2 = 0$" und „$x_3 = 1$" besagt, daß an diesen Knoten eine bereits getroffene Entscheidung revidiert wurde und die verbleibende Alternative untersucht wird bzw. untersucht wur-

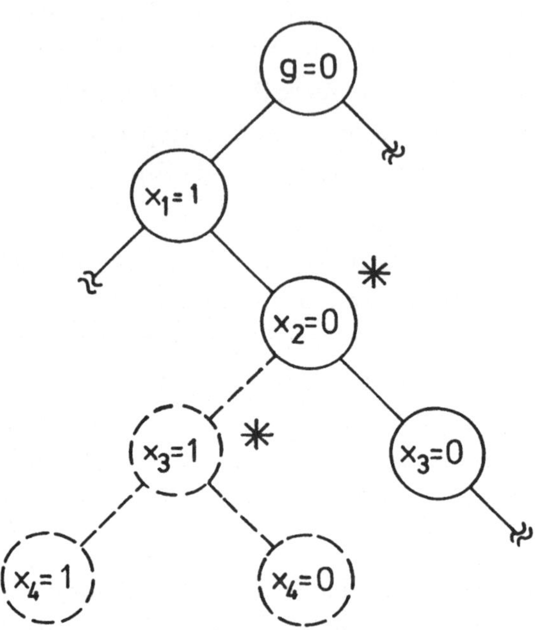

Bild 4.2: Entscheidungsbaum bei der deterministischen Testmustergenerierung für den Zielfehler g/1

de. Das Revidieren bereits getroffener Entscheidungen und das nachfolgende Untersuchen anderer Alternativen wird mit *Backtracking* bezeichnet. Am Knoten mit der Bezeichnung „$x_2 = 0$" wurde z.B. *Backtracking* von der ursprünglichen Wertzuweisung $x_3 = 1$ zur verbleibenden Alternative $x_3 = 0$ durchgeführt. Der Knoten mit der Bezeichnung „$x_3 = 1$" wurde aus dem Entscheidungsbaum wieder entfernt, nachdem die beiden möglichen Alternativen $x_4 = 1$ und $x_4 = 0$ bereits verworfen worden sind und somit keine weitere Entscheidungsmöglichkeit an diesem Knoten übrig geblieben ist. Gleichzeitig mit dem Entfernen eines Knotens aus dem Entscheidungsbaum, muß an seinem Vorgänger ebenfalls die gegenwärtige Entscheidung revidiert, d.h. *Backtracking* vorgenommen werden.

Die Bedingungen, unter denen bereits getroffene Wertzuweisungen wieder rückgängig gemacht werden müssen, sind:

(1) An mindestens einem Signal der Schaltung liegt eine widersprüchliche Wertzuweisung vor. Der Begriff der widersprüchlichen Wertzuweisung ist im Kapitel 4.2.4 definiert.

(2) Es existiert kein Pfad von Signalen in der Schaltung, auf dem die Effekte des vorgegebenen Zielfehlers zu einem der Schaltungsausgänge fortgepflanzt werden können.

Die Annullierung bereits getroffener Wertzuweisungen führt zu einer Begrenzung (*bounding*) des Entscheidungsbaums und damit zu einem Beschneiden (*pruning*) des Suchraums. Eine wichtige Eigenschaft des Problems der deterministischen Testmustergenerierung stellt in diesem Zusammenhang die Tatsache dar, daß kein Testmuster für den vorgegebenen Zielfehler durch weitere Wertzuweisungen gefunden werden kann, sobald eine der oben aufgeführten Bedingungen (1) oder (2) erfüllt ist. Insbesondere ermöglicht diese Eigenschaft, für ganze Mengen von Eingangsbelegungen zu erkennen, daß sie kein Testmuster für den Zielfehler enthalten, ohne daß dazu jede dieser Eingangsbelegungen einzeln untersucht werden muß. Aus dem im Bild 4.2 gezeigten Entscheidungsbaum kann beispielsweise gefolgert werden, daß keine Eingangsbelegung, die gleichzeitig die Wertzuweisungen $x_1 = 1$, $x_2 = 0$ und $x_3 = 1$ aufweist, ein Testmuster für den Fehler g/1 darstellt. Da die einzelnen Wertzuweisungen den Suchraum offensichtlich in gegenseitig disjunkte Untermengen aufspalten, entspricht die beschriebene Vorgehensweise bei der deterministischen Testmustergenerierung der *Split-and-Prune*-Methode [Pear84]. Darüber hinaus ist auch die Einhaltung der Prinzipien einer systematischen Suche gewährleistet. Die Struktur des Entscheidungsbaums ermöglicht implizit die Betrachtung des gesamten Suchraums, d.h. sämtlicher 2^n Eingangsbelegungen (für eine Schaltung mit n Primäreingängen). Die beschriebene Strategie, diejenigen Knoten des Entscheidungsbaums zu markieren, an denen bereits *Backtracking* durchgeführt worden ist, stellt sicher, daß keine Eingangsbelegung bzw. kein Punkt des Suchraums mehr als einmal untersucht wird.

4.1.3. Globale Ziele und Strategien

Der Entscheidungsbaum kann abstrahierend durch ein Dreieck beschrieben werden (Bild 4.3), das gewöhnlich in **ein Lösungsgebiet** und in **mehrere Nichtlösungsgebiete**, d.h. Gebiete, die keine Lösung des Suchproblems enthalten, unterteilt ist [Schu87b]. Letztere sind im Bild 4.3 durch die Schattierung gekennzeichnet. Entsprechend der Vorgehensweise beim Aufbau des Entscheidungsbaums kann dieser auch als eine Projektion des Suchraums in die Ebene interpretiert werden.

Bild 4.3: Abstrakte Darstellung des Entscheidungsbaums zur Lösung des Problems der deterministischen Testmustergenerierung

Das Hauptproblem deterministischer Testmustergenerierungsalgorithmen besteht nun darin, daß sie in der Regel nicht fähig sind, die Gebiete, die keine Lösung des Problems enthalten, vollständig zu identifizieren. Aus diesem Grund unterscheidet man im Entscheidungsbaum zwischen **erkannten** und **unerkannten** Nichtlösungsgebieten. Die ersteren sind im Bild 4.3 durch die dunkle Schattierung und die letzteren durch die helle Schattierung kenntlich gemacht. Sobald ein deterministischer Testmustergenerierungsalgorithmus in eines der erkannten Nichtlösungsgebiete gerät, bemerkt er, daß vom gegenwärtigen Punkt des Suchprozesses aus keine Lösung des Problems gefunden werden kann, und versucht sofort, mit Hilfe des *Backtracking* in das Lösungsgebiet zurückzugelangen. Im Gegensatz zu den erkannten Nichtlösungsgebieten beschwören hauptsächlich die unerkannten Nichtlösungsgebiete große Schwierigkeiten für die deterministische Testmustergenerierung herauf. Werden große Teile der Nichtlösungsgebiete nicht als solche identifiziert, besteht die Gefahr, daß sich der Testmustergenerierungsalgorithmus tief in diesen „verirrt". In diesem Fall kann das Nichtlösungsgebiet nur durch die Ausführung einer großen Anzahl von *Backtrackings* und unter beträchtlichem Rechenzeitaufwand wieder verlassen und eine Lösung des Problems, d.h. ein Testmuster für den Zielfehler gefunden werden.

Die geschilderte Problematik verdeutlicht, daß ein leistungsfähiger und effizienter Algorithmus zur deterministischen Testmustergenerierung

(1) die Minimierung der Größe der unerkannten Nichtlösungsgebiete

als wichtigstes globales Ziel anzustreben hat. Eine vollständige Beseitigung der unerkannten Nichtlösungsgebiete würde bedeuten, daß der Testmustergenerierungsalgorithmus in der Lage ist, alle obligatorischen Wertzuweisungen zu identifizieren und folglich auch auszuführen, so daß ein Testmuster gänzlich ohne *Backtracking* generiert werden könnte. Da dies für hochintegrierte Schaltungen nicht immer möglich ist, besteht das zweite globale Ziel, auf das es bei der Entwicklung eines deterministischen Testmustergenerierungsalgorithmus hinzuwirken gilt, darin,

(2) das Betreten sämtlicher Nichtlösungsgebiete während des Suchprozesses weitestgehend zu vermeiden.

Um diese beiden globalen Ziele zu erreichen, müssen spezielle Verfahren und Strategien entwickelt werden, die im einzelnen

- eine Verbesserung des Beschneidens des Suchraums bzw. des Begrenzens des Entscheidungsbaums ermöglichen,
- die Zahl der anfallenden *Backtrackings* reduzieren,
- zur frühest möglichen Erkennung widersprüchlicher Wertzuweisungen beitragen und insbesondere
- das nutzlose *Backtracking* in unerkannten Nichtlösungsgebieten des Entscheidungsbaums auf ein Minimalmaß beschränken.

4.2. Grundlagen und Definitionen

4.2.1. Wertebereich

Der D-Algorithmus, PODEM, FAN und der deterministische Testmustergenerierungsalgorithmus in SOCRATES benutzen die fünf Variablenwerte 0, 1, X, D und $\overline{D}$, die von Roth bereits im Jahr 1966 eingeführt worden sind [Roth66]. Dabei bezeichnet X einen unbestimmten Wert (*don't care*, *unknown*), auf den alle Signale der Schaltung zu Beginn des deterministischen Testmustergenerierungsprozesses initialisiert werden. Die Werte 0, 1, D und $\overline{D}$ sind vollbestimmte Werte. Liegt an einem Signal der Wert D ($\overline{D}$) vor, so bedeutet dies, daß das Signal im fehlerfreien Fall mit dem Wert 1 (0) und im fehlerhaften Fall mit dem Wert 0 (1) belegt ist. D und $\overline{D}$ dienen somit der Unterscheidung des fehlerfreien vom fehlerbehafteten Schaltungsmodell und werden dementsprechend als sensible oder fehlerleitende Werte bezeichnet. Signale mit dem Wert 0 oder 1 besitzen im fehlerfreien und im fehlerbehafteten Schaltungsmodell jeweils den gleichen Wert. Deshalb werden 0 und 1 auch feste logische Werte genannt.

Bild 4.4 veranschaulicht die Verknüpfungstabellen der UND- ODER- und EXKLUSIV-ODER-Verknüpfung für den fünfwertigen Wertebereich. Aus der leicht erkennbaren Symmetrieeigenschaft der dargestellten Verknüpfungstabellen folgt, daß das Kommutativgesetz für alle drei Verknüpfungen erfüllt ist. Während die Verknüpfungen UND, ODER und EXKLUSIV-ODER für den zweiwertigen, aus den Werten 0 und 1 bestehenden Wertebereich bekanntlich auch assoziativ sind [Stan77], besitzt das Assoziativgesetz im fünfwertigen Wertebereich lediglich für die EXKLUSIV-ODER-Verknüpfung, nicht aber für die UND- und die ODER-Verknüpfung Gültigkeit. Diese interessante Tatsache wird durch das folgende Beispiel für die UND-Verknüpfung unterlegt.

$$D \cdot (\overline{D} \cdot X) = D \cdot X = X \tag{4.6a}$$

$$(D \cdot \overline{D}) \cdot X = 0 \cdot X = 0 \tag{4.6b}$$

Da es im Rahmen der automatischen Testmustergenerierung wichtig ist, die logischen Werte der Signale so genau wie möglich zu spezifizieren, muß die Auswertung der Gatterfunktionen entsprechend der durch Gl. (4.6b) angedeuteten Vorgehensweise durchgeführt werden.

·	0	1	X	D	$\overline{D}$
0	0	0	0	0	0
1	0	1	X	D	$\overline{D}$
X	0	X	X	X	X
D	0	D	X	D	0
$\overline{D}$	0	$\overline{D}$	X	0	$\overline{D}$

a.) UND-Verknüpfung

+	0	1	X	D	$\overline{D}$
0	0	1	X	D	$\overline{D}$
1	1	1	1	1	1
X	X	1	X	X	X
D	D	1	X	D	1
$\overline{D}$	$\overline{D}$	1	X	1	$\overline{D}$

b.) ODER-Verknüpfung

⊕	0	1	X	D	$\overline{D}$
0	0	1	X	D	$\overline{D}$
1	1	0	X	$\overline{D}$	D
X	X	X	X	X	X
D	D	$\overline{D}$	X	0	1
$\overline{D}$	$\overline{D}$	D	X	1	0

c.) EXKLUSIV-ODER-Verknüpfung

Bild 4.4: Verknüpfungstabellen des fünfwertigen Wertebereichs

4.2.2. Vollständigkeit

Ein Testmustergenerierungsalgorithmus heißt vollständig, wenn er unter der Voraussetzung, daß ihm ausreichend Rechenzeit zur Verfügung gestellt wird, für jeden testbaren Fehler der Schaltung ein Testmuster findet. Der D-Algorithmus, PODEM, FAN und der in SOCRATES enthaltene Algorithmus sind Beispiele für vollständige Testmustergenerierungsalgorithmen.

4.2.3. Redundant Faults und Aborted Faults

Ein Fehler, für den kein Testmuster existiert, heißt nicht **testbarer** oder **redundanter Fehler** (*Redundant Fault*). Die redundanten Fehler lassen sich weiter klassifizieren in

(1) Fehler, die nicht stimuliert werden können, d.h. für die die Fehlerbelegung nicht erzeugt werden kann,

(2) Fehler, die auf Signalen liegen, die an den Schaltungsausgängen nicht beobachtet werden können, d.h. für die die Sensibilisierungsbelegung nicht erstellt werden kann, und

(3) Fehler, die stimuliert werden können und die auf Signalen liegen, die an den Schaltungsausgängen beobachtet werden können, für die jedoch die gleichzeitige Erzeugung der Fehler- und der Sensibilisierungsbelegung nicht möglich ist.

Bild 4.5 veranschaulicht die drei Typen redundanter Fehler. Für den Fehler d/0 kann die Fehlerbelegung, d.h. $d = 1$, nicht eingestellt werden, da Signal d unabhängig vom logischen Wert am Schaltungseingang b immer den logischen Wert 0 besitzt. Die Fehler a/1 und a/0 sind demzufolge nicht am Schaltungsausgang e beobachtbar. Der Fehler c/0 kann zwar durch $b = 0$ stimuliert werden und die Eingangsbelegung $(a,b) = (1,1)$ ermöglicht es, Signal c am Schaltungsausgang e zu beobachten, jedoch können Fehler- und Sensibilisierungsbelegung nicht gleichzeitig erzeugt werden. Der Grund hierfür ist, daß Signal b nicht gleichzeitig die logischen Werte 0 (Fehlerbelegung) und 1 (Sensibilisierungsbelegung) annehmen kann.

Vollständige Testmustergenerierungsalgorithmen finden entsprechend ihrer Definition für jeden testbaren, d.h. nicht redundanten Fehler ein

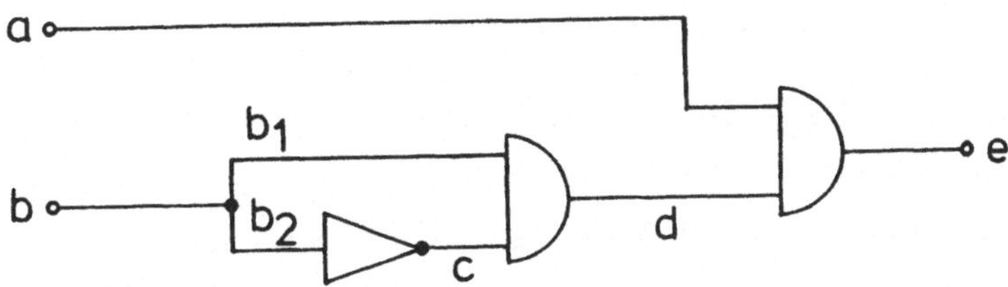

Bild 4.5: Beispiele und Klassifizierung redundanter Fehler

Testmuster. Da das Problem der deterministischen Testmustergenerierung zur Klasse der NP-vollständigen Probleme gehört [FuTo82], kann damit u.U. eine exponentiell mit der Größe der Schaltung anwachsende Rechenzeit verbunden sein. Um den zur automatischen Testmustergenerierung benötigten Aufwand in vernünftigen Grenzen zu halten, werden den Testmustergenerierungsalgorithmen in praktischen Anwendungen Beschränkungen in Form der maximalen Rechenzeit, die pro Generierungslauf für einen Zielfehler verbraucht werden darf, oder der maximalen Zahl erlaubter *Backtrackings* auferlegt. Kann für einen Zielfehler kein Testmuster innerhalb der vorgegebenen Aufwandsbeschränkungen erzeugt werden und kann dieser auch nicht als redundant nachgewiesen werden, so wird die Testmustergenerierung für diesen Zielfehler erfolglos abgebrochen und der Fehler als **Aborted Fault** bezeichnet. Abschließend sei noch darauf hingewiesen, daß ein *Aborted Fault* auch ein *Redundant Fault* sein kann und die dem Testmustergenerierungsalgorithmus zur Verfügung gestellte Rechenzeit bzw. *Backtracking*-Zahl lediglich nicht ausreichend war, um dies nachzuweisen. Andererseits besteht auch die Möglichkeit, daß ein nicht redundanter *Aborted Fault* im weiteren Verlauf der Testmustergenerierung zufällig von einem Testmuster, das für einen anderen Zielfehler generiert wird, mitentdeckt wird.

4.2.4. Inkonsistente Wertzuweisung und widersprüchliche Wertzuweisung

Inkonsistenten und widersprüchlichen Wertzuweisungen kommt im Rahmen der deterministischen Testmustergenerierung besondere Bedeutung zu. Dabei stellt eine widersprüchliche Wertzuweisung einen Spezialfall einer inkonsistenten Wertzuweisung dar.

- Definition der Begriffe der inkonsistenten Wertzuweisung und der widersprüchlichen Wertzuweisung:
  Es sei g ein Gatter mit den Eingangssignalen g_1, g_2, ..., g_n und dem Ausgangssignal y. Die logische Verknüpfung G, die von g entsprechend des Gattertyps ausgeführt wird, sei durch

  $$y = G(g_1, g_2, \ldots, g_n) \qquad (4.7)$$

  gegeben. Darüber hinaus soll v(y) den logischen Wert bezeichnen, der sich für den Gatterausgang y entsprechend der Gatterfunktion G und den an g_1, g_2, ..., g_n vorliegenden logischen Werten (z.B. gemäß Bild 4.4) ergibt. $\tilde{v}(y)$ dagegen sei der logische Wert, der dem Signal y im Laufe des deterministischen Testmustergenerierungsprozesses bereits zugewiesen worden ist. Falls

  $$v(y) \neq \tilde{v}(y), \qquad (4.8)$$

  heißt die an y vorliegende Wertzuweisung **inkonsistent**. Sind sowohl v(y) als auch $\tilde{v}(y)$ vollbestimmte Werte, d.h. $v(y) \in \{0,1,D,\overline{D}\}$ und $\tilde{v}(y) \in \{0,1,D,\overline{D}\}$, so heißt die Wertzuweisung am Signal y **widersprüchlich**.

Eine widersprüchliche Wertzuweisung liegt somit vor, wenn einem Signal der Schaltung gleichzeitig zwei unterschiedliche vollbestimmte Werte zugewiesen werden sollen. Die inkonsistenten, nicht widersprüchlichen Wertzuweisungen lassen sich folgendermaßen klassifizieren:

- $v(y) \in \{0,1,D,\overline{D}\}$, $\tilde{v}(y) = X$:
  Die Auswertung der Gatterfunktion G liefert für den Gatterausgang y einen vollbestimmten Wert, der diesem mittels einer **Vorwärtsimplikation** (Kapitel 4.3.2.1) zugewiesen wird.
- $v(y) = X$, $\tilde{v}(y) \in \{0,1,D,\overline{D}\}$:
  Im Laufe der Testmustergenerierung wurde dem Gatterausgang y ein vollbestimmter Wert zugewiesen, der aber durch die am Gatter vorliegende Eingangsbelegung noch nicht sichergestellt ist. Entspre-

chend dieser Tatsache wird y als **Unjustified Line** bezeichnet. Die Menge aller *Unjustified Lines* ergibt sich demzufolge zu

$$V_{ul} = \left\{ y \in V \,\middle|\, v(y) = X \wedge \tilde{v}(y) \in \{0,1,D,\overline{D}\} \right\}. \qquad (4.9)$$

4.2.5. D-Front und potentieller Fehlereffektausbreitungspfad

Für die Durchführung der deterministischen Testmustergenerierung ist es von Vorteil, all diejenigen Signale, bis zu denen sich die Effekte des Zielfehlers bereits ausgebreitet haben und von denen aus die weitere Fortpflanzung dieser Effekte in Richtung der Schaltungsausgänge möglich ist, in einer Menge zusammenzufassen. Diese Menge wird als D-Front bezeichnet. Zur exakten Definition des Begriffs der D-Front wird zunächst der Begriff des potentiellen Fehlereffektausbreitungspfades eingeführt.

- Definition des Begriffs des potentiellen Fehlereffektausbreitungspfades:
  Es sei $P = (x_1, x_2, \ldots, x_n)$ ein gerichteter Pfad vom Knoten x_1 zum Knoten x_n im Graphen G, d.h. $x_{\mu+1} \in suc(x_\mu)$ für $\mu = 1, 2, \ldots, n-1$. Darüberhinaus möge $v(x_\mu)$ den logischen Wert des Signals x_μ bezeichnen. P heißt **potentieller Fehlereffektausbreitungspfad** (potentieller FEA-Pfad), falls

$$v(x_1) \in \{D,\overline{D}\} \quad \wedge \quad \forall_{\mu \in \{2,\ldots,n\}} \; (\, v(x_\mu) = X \,), \qquad (4.10)$$

  d.h. falls das Signal x_1 mit einem fehlerleitenden Wert (D oder $\overline{D}$) belegt ist und alle übrigen Signale $x_2, \ldots, x_n$ auf P den logischen Wert X besitzen.

- Definition des Begriffs der D-Front:
  Es sei x ein beliebiges Signal der Schaltung und z sei ein Schaltungsausgang, d.h. $z \in V_O$. Darüber hinaus möge $V_{P(x,\ldots,z)}$ die Menge

aller gerichteter Pfade vom Knoten x zum Knoten z im Graphen G kennzeichnen. Dann ist die **D-Front** definiert als die Menge

$$V_D = \left\{ x \in V_O \mid v(x) = D \vee v(x) = \overline{D} \right\} \cup$$

$$\left\{ x \in V \mid \underset{z \in V_O}{\exists} \; \underset{\substack{P \in \\ V_{P(x,\ldots,z)}}}{\exists} \; (\text{ P ist potentieller FEA-Pfad }) \right\}. \quad (4.11)$$

Die D-Front umfaßt somit all diejenigen Signale der Schaltung, die einen fehlerleitenden (sensiblen) Wert besitzen und die entweder einen Schaltungsausgang darstellen oder von denen aus mindestens ein potentieller Fehlereffektausbreitungspfad zu einem der Schaltungsausgänge existiert. Insbesondere impliziert diese Definition, daß mit Ausnahme der Schaltungsausgänge nur diejenigen Signale in der D-Front enthalten sind, die mindestens einen Nachfolger mit dem logischen Wert X besitzen und somit mindestens eine weitere, bisher noch nicht benutzte Fortpflanzungsmöglichkeit für die Effekte des Zielfehlers aufweisen.

4.2.6. Dominante und nichtdominante logische Werte

Zur präzisen Formulierung der Vorgehensweisen bei der deterministischen Testmustergenerierung ist es zweckmäßig, die festen logischen Werte (0 oder 1), die an den Eingängen eines Gatters vorliegen können, in dominante logische Werte und nichtdominante logische Werte bezüglich dieses Gatters zu klassifizieren.

- Definition der Begriffe des dominanten logischen Wertes und des nichtdominanten logischen Wertes:
  Es sei g ein Gatter mit den Eingangssignalen $g_1, g_2, \ldots, g_n$ und dem Ausgangssignal y.
  Falls die Zuweisung des festen logischen Wertes $v \in \{0,1\}$ an einen beliebigen Gattereingang g_i ($i \in \{1,2,\ldots,n\}$) den festen logischen Wert $w \in \{0,1\}$ am Gatterausgang y eindeutig bestimmt, so heißt v **dominanter logischer Wert** bezüglich des Gatters g.

Falls v ∈ { 0,1 } kein dominanter logischer Wert bezüglich des Gatters g ist, so heißt v **nichtdominanter** oder sensibilisierender **Wert** bezüglich des Gatters g.

Entsprechend obiger Definition stellt der logische Wert 0 (1) den dominanten (nichtdominanten) logischen Wert bezüglich eines AND- oder NAND-Gatters dar. Der dominante (nichtdominante) logische Wert bezüglich eines OR- oder NOR-Gatters ergibt sich zu 1 (0). Bezüglich XOR- und XNOR (ÄQUIVALENZ)-Gattern sind die beiden logischen Werte 0 und 1 nichtdominant. Folglich besitzen XOR- und XNOR-Gatter keinen dominanten logischen Wert. Für Inverter (INV-Gatter) und Buffer (BUF-Gatter) dagegen sind beide logische Werte 0 und 1 dominant. Demzufolge existiert für INV- und BUF-Gatter kein nichtdominanter logischer Wert.

4.3. Der deterministische Testmustergenerierungsalgorithmus

Der Algorithmus zur deterministischen Testmustergenerierung genügt der Definition der Vollständigkeit (siehe Kapitel 4.2.2) und benutzt die im Kapitel 4.2.1 vorgestellten fünf Variablenwerte 0, 1, X, D und $\overline{D}$. Seine grundsätzliche Vorgehensweise lehnt sich an die des FAN-Algorithmus [Fuji83, Fuji85b] an. Sie ist im Bild 4.6 mit Hilfe eines Flußdiagramms veranschaulicht.

4.3.1. Grundsätzliche Vorgehensweise

Nachdem allen Signalen der Schaltung vor dem Beginn des Testmustergenerierungsprozesses der unbestimmte Wert X zugewiesen worden ist, setzt der Algorithmus im ersten Verfahrensschritt die Fehlerbelegung für den vorgegebenen Zielfehler und erzeugt gleichzeitig den Wurzelknoten des Entscheidungsbaums. Anschließend werden sofort alle Implikationen, die sich aus dieser obligatorischen Wertzuweisung ergeben, mittels der **Implikationsprozedur** ausgeführt.

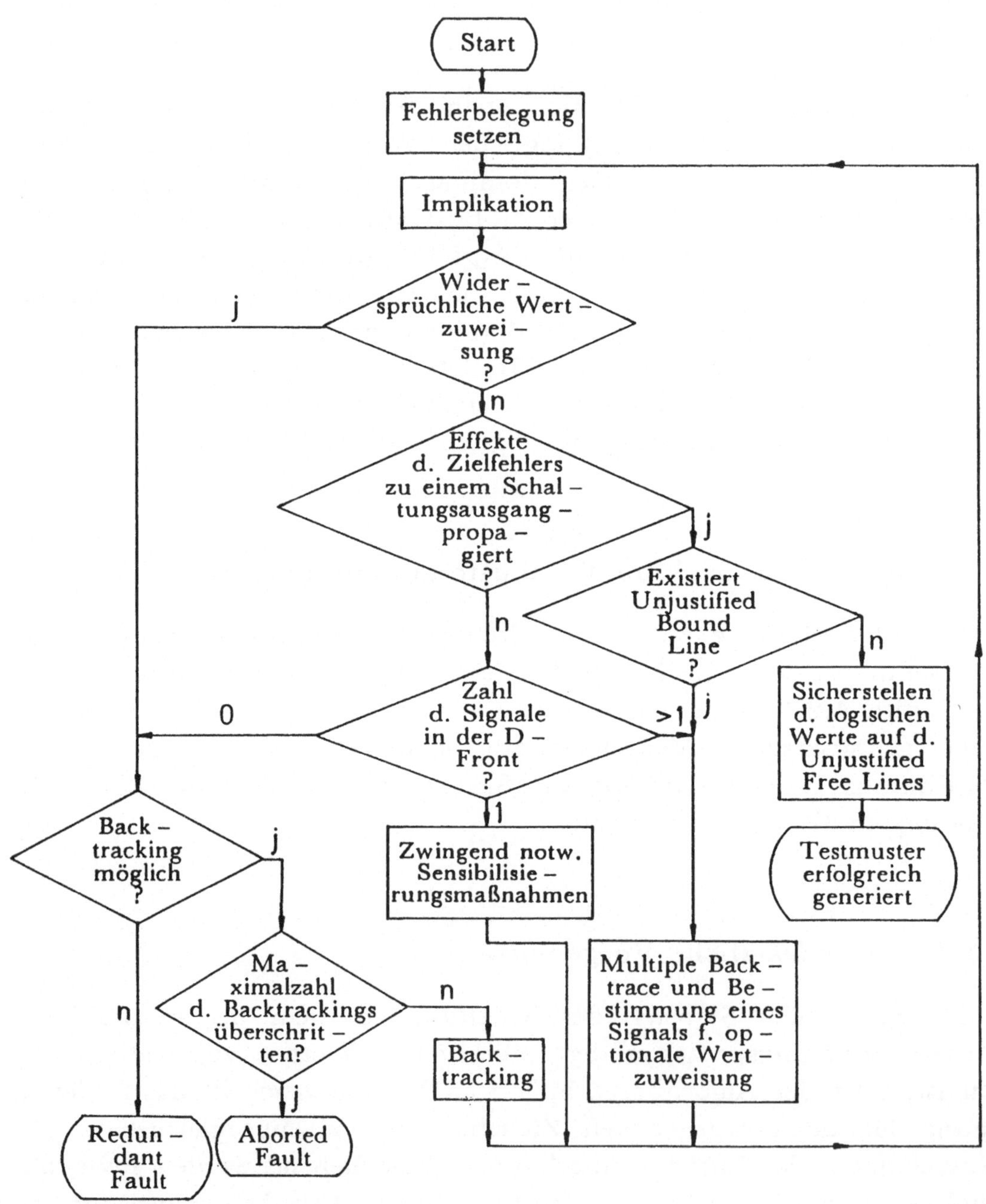

Bild 4.6: Flußdiagramm des deterministischen Testmustergenerierungsalgorithmus

Sobald an einem Signal der Schaltung eine widersprüchliche Wertzuweisung vorliegt oder kein Signal mehr existiert, von dem aus die Effekte des Zielfehlers in Richtung der Schaltungsausgänge fortgepflanzt werden können, d.h. $V_D = \emptyset$, muß entsprechend den im Kapitel 4.1.2 eingeführten Bedingungen *Backtracking* vorgenommen werden. Dazu muß zunächst überprüft werden, ob Alternativen existieren, die im bisherigen Verlauf des Testmustergenerierungsprozesses noch nicht untersucht worden sind, und *Backtracking* somit überhaupt möglich ist. Im Falle, daß

- während der Ausführung der Implikationen, die sich aus den obligatorischen Wertzuweisungen im Wurzelknoten des Entscheidungsbaums ergeben, widersprüchliche Wertzuweisungen auftreten oder
- bereits beide am Wurzelknoten des Entscheidungsbaums vorhandenen Alternativen verworfen worden sind,

verbleibt keine weitere Entscheidungsmöglichkeit und der Zielfehler wird als redundanter Fehler identifiziert. Besteht dagegen noch die Möglichkeit des *Backtracking*, wird überprüft, ob die vorgegebene Maximalzahl erlaubter *Backtrackings* überschritten worden ist. In diesem Fall wird die Testmustergenerierung erfolglos abgebrochen und der Zielfehler als *Aborted Fault* gekennzeichnet. Andernfalls wird *Backtracking* entsprechend der im Kapitel 4.1.2 beschriebenen Vorgehensweise durchgeführt und eine bislang nicht in Betracht gezogene Entscheidungsmöglichkeit ausgewählt.

Sind die Effekte des Zielfehlers noch nicht bis zu einem der Schaltungsausgänge fortgepflanzt worden, d.h. $V_D \cap V_O = \emptyset$, wird festgestellt, wieviele Signale in der D-Front enthalten sind. Falls $V_D = \emptyset$, muß, wie bereits erwähnt, *Backtracking* durchgeführt werden. Besteht dagegen die D-Front aus genau einem Signal, d.h. $|V_D| = 1$, wird eine **Prozedur zur Durchführung zwingend notwendiger Sensibilisierungsmaßnahmen** aufgerufen. Unter zwingend notwendigen Sensibilisierungsmaßnahmen sind dabei Wertzuweisungen zu verstehen, die unbedingt vorgenommen werden müssen, um die Effekte des Zielfehlers zu einem der Schaltungsausgänge fortpflanzen zu können.

Falls sich die Effekte des Zielfehlers noch nicht bis zu einem Schaltungsausgang ausgebreitet haben und die D-Front mehr als ein Signal enthält, d.h. $V_D \cap V_O = \emptyset \wedge |V_D| > 1$, oder falls *Unjustified Bound Lines* existieren, d.h. $V_{ul} \cap V_{bl} \neq \emptyset$, wird mit Hilfe der **Multiple Backtrace Prozedur** ein Signal und ein logischer Wert für die Durchführung einer optionalen Wertzuweisung bestimmt. Dabei kommen nur *Head Lines* und unter gewissen Bedingungen auch Fanout-Stämme als Signale sowie 0 oder 1 als logische Werte in Frage. Entsprechend dem von der *Multiple Backtrace* Prozedur gelieferten Ergebnis wird anschließend ein neuer Knoten im Entscheidungsbaum erzeugt. Neben der Erzeugung des Wurzelknotens und der *Backtracking* Prozedur stellt dies gleichzeitig die einzige Stelle im deterministischen Testmustergenerierungsalgorithmus dar, an der ein neuer Knoten im Entscheidungsbaum entstehen kann.

Nach dem Verlassen der *Backtracking* Prozedur, der Prozedur zur Durchführung der zwingend notwendigen Sensibilisierungsmaßnahmen oder der *Multiple Backtrace* Prozedur werden jeweils sofort alle aufgrund der bisherigen Wertzuweisungen eindeutig bestimmbaren logischen Werte mit Hilfe der Implikationsprozedur an die entsprechenden Signale der Schaltung zugewiesen.

Haben die Effekte des Zielfehlers einen der Schaltungsausgänge erreicht, d.h. $V_D \cap V_O \neq \emptyset$, und existieren keine weiteren *Unjustified Bound Lines*, d.h. $V_{ul} \cap V_{bl} = \emptyset$, müssen noch die logischen Werte der *Unjustified Free Lines* sichergestellt werden. Dies ist entsprechend der Definition der *Free Lines* immer ohne *Backtracking* möglich. Nach der Sicherstellung der logischen Werte auf sämtlichen *Unjustified Free Lines* wird die Testmustergenerierung für den vorgegebenen Zielfehler mit der Bereitstellung des erfolgreich generierten Testmusters beendet, wobei all denjenigen Schaltungseingängen, die noch den logischen Wert X besitzen, zufallsmäßig erzeugte Werte 0 oder 1 zugewiesen werden.

Die Implikationsprozedur, die Prozedur zur Durchführung der zwingend notwendigen Sensibilisierungsmaßnahmen und die *Multiple Backtrace* Prozedur bilden den Kern des Algorithmus zur deterministischen Testmustergenerierung. Sie übernehmen sämtliche Schlüsselfunktionen bezüglich einer effizienten Durchführung der Testmustergenerierung. Die ihnen zugrundeliegenden Ideen und Konzepte basieren auf denen des FAN-Algorithmus [Fuji83]. Darauf aufbauend wurden weitere, z.T. erhebliche Verbesserungen entwickelt, die in den folgenden Kapiteln ausführlich beschrieben werden [Schu87b, Schu88, SzAu88].

4.3.2. Die Implikationsprozedur

Die Aufgabe der Implikationsprozedur besteht darin, all diejenigen logischen Werte, die aufgrund bereits vorgenommener Wertzuweisungen eindeutig bestimmt sind, zu erkennen und den entsprechenden Signalen der Schaltung zuzuweisen. Eine Wertzuweisung, die durch andere, früher getroffene Wertzuweisungen eindeutig festgelegt ist, wird im Rahmen der Testmustergenerierung als Implikation bezeichnet. Die durchführbaren Implikationen können in lokale und globale Implikationen klassifiziert werden, wobei sich die lokalen Implikationen auf einzelne Gatter beziehen und die globalen Implikationen über mehrere Gatter hinweg erfolgen.

4.3.2.1. Lokale Implikationen

Bei der Ausführung der **lokalen Implikationen** unterscheidet man zwischen Vorwärts- und Rückwärtsimplikationen.

- Definition der Begriffe der Vorwärtsimplikation und der Rückwärtsimplikation:
  Es sei g ein Gatter mit den Eingangssignalen g_1, g_2, ..., g_n und dem Ausgangssignal y. Die logische Verknüpfung G, die von g entsprechend des Gattertyps ausgeführt wird, sei durch

$$y = G(g_1, g_2, \ldots, g_n) \tag{4.12}$$

  gegeben. Ferner möge v(y) den logischen Wert bezeichnen, der sich für den Gatterausgang y entsprechend der Gatterfunktion G und den an g_1, g_2, ..., g_n vorliegenden logischen Werten (z.B. gemäß Bild 4.4) ergibt. $\tilde{v}(y)$ dagegen sei der logische Wert, der dem Signal y im Laufe des deterministischen Testmustergenerierungsprozesses bereits zugewiesen worden ist.

Im Falle, daß $v(y) \in \{0,1,D,\overline{D}\}$ und $\tilde{v}(y) = X$, bestimmen die an den Eingangssignalen vorliegenden logischen Werte $v(g_1)$, $v(g_2)$, ..., $v(g_n)$ den logischen Wert an y eindeutig. Deshalb wird $v(y)$ dem Signal y mittels einer **Vorwärtsimplikation** zugewiesen, so daß $\tilde{v}(y) = v(y)$ wird.

Falls $v(y) = X$, $\tilde{v}(y) \in \{0,1,D,\overline{D}\}$ und $\tilde{v}(y)$ im Sinne einer konsistenten Wertzuweisung am Signal y unbedingt erfordert, daß ein oder mehrere Gattereingangssignale $g_\mu \in \{g_1,g_2,...,g_n\}$, für die zum gegenwärtigen Zeitpunkt $\tilde{v}(g_\mu) = X$ gilt, einen eindeutig bestimmten Wert $v(g_\mu) \in \{0,1\}$ annehmen, so wird $v(g_\mu)$ dem Gattereingangssignal g_μ mittels einer **Rückwärtsimplikation** zugewiesen.

Aus der obigen Definition der Vorwärts- und der Rückwärtsimplikation folgt, daß die fehlerleitenden Werte D und $\overline{D}$ nur mittels einer Vorwärtsimplikation, niemals aber mittels einer Rückwärtsimplikation an ein Signal zugewiesen werden können. Dadurch wird gewährleistet, daß nur diejenigen Signale den Wert D oder $\overline{D}$ erhalten, an denen sich die Effekte des vorgegebenen Zielfehlers tatsächlich auswirken. Unter der Voraussetzung, daß sich der gegenwärtig betrachtete Zielfehler auf dem Signal x befindet, gilt demzufolge für jedes beliebige Signal y der Schaltung

$$v(y) \in \{D,\overline{D}\} \Rightarrow (y_x = 1). \tag{4.13}$$

Darüber hinaus implizieren die Definitionen der Vorwärts- und der Rückwärtsimplikation, daß alle *Unjustified Lines* mit Ausnahme des fehlerbehafteten Signals x den logischen Wert 0 oder 1, niemals aber den logischen Wert D oder $\overline{D}$ besitzen. Da am Ort des angenommenen Zielfehlers nur die Signalbelegung zur Stimulierung des Fehlers (d.h. x = 1 für x/0), nicht aber die Fehlbelegung selbst (d.h. x = 0 für x/0) durch andere Wertzuweisungen explizit erzeugt werden muß, kann sich die Sicherstellung der logischen Werte auf den *Unjustified Lines* immer am fehlerfreien Schaltungsmodell orientieren. Dies bedeutet, daß jede *Unjustified Line* entweder auf den logischen Wert 0 oder auf den logischen Wert 1 eingestellt werden muß.

Bild 4.7 veranschaulicht die Vorgehensweise bei der Ausführung der lokalen Implikationen an einem einfachen Beispiel. Die Ausgangssitua-

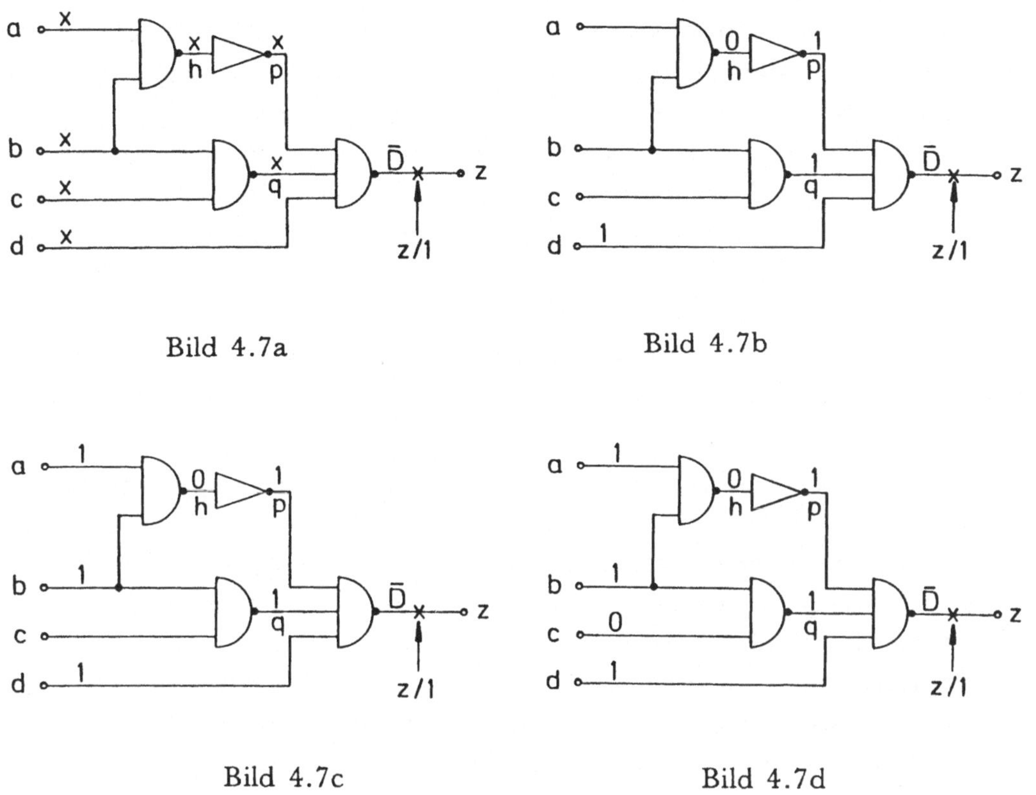

Bild 4.7a

Bild 4.7b

Bild 4.7c

Bild 4.7d

Bild 4.7: Durchführung der lokalen Implikationen

tion (Bild 4.7a) besteht darin, daß für den Fehler z/1 ein Testmuster generiert werden soll. Da z das Ausgangssignal eines NAND-Gatters darstellt, müssen alle drei Gattereingänge p, q und d den logischen Wert 1 annehmen, um den Zielfehler zu stimulieren und $z = \overline{D}$ zu erzeugen (Bild 4.7b). Aus $p = 1$ folgt sofort $h = 0$ und daraus wiederum $a = 1$ und $b = 1$ (Bild 4.7c). Da Signal b bereits der logische Wert 1 zugewiesen wurde, erzwingt die im vorausgehenden Implikationsschritt getroffene Wertzuweisung $q = 1$, daß Signal c den logischen Wert 0 annimmt, d.h. $c = 0$ (Bild 4.7d). Gleichzeitig ist damit die Testmustergenerierung für den Zielfehler z/1 abgeschlossen. Auf diese Weise kann also ein Testmuster ausschließlich mit Hilfe der Implikationsprozedur generiert werden. Der Entscheidungsbaum besteht in diesem Fall nur aus dem Wurzelknoten, der mit der Erzeugung der Fehlerbelegung entsteht.

Der FAN-Algorithmus [Fuji83] stellt das erste Verfahren dar, daß sowohl die Durchführung der lokalen Vorwärtsimplikationen als auch der lokalen Rückwärtsimplikationen beinhaltet. PODEM [Goel81a] dagegen sieht nur die Durchführung der Vorwärtsimplikationen vor. Würde PODEM zur Generierung eines Testmusters für den angenommenen Zielfehler z/1 in der im Bild 4.7 dargestellten Schaltung verwendet, entstünde ein Entscheidungsbaum, der neben dem Wurzelknoten vier weitere Knoten entsprechend den an den Schaltungseingängen vorgenommenen Wertzuweisungen enthält. Insbesondere erkennt PODEM nicht, daß sämtliche im Bild 4.7d eingetragenen Wertzuweisungen obligatorisch sind. Darüber hinaus könnten u.U. auch widersprüchliche Wertzuweisungen auftreten, so daß *Backtracking* durchgeführt werden müßte.

Der dargelegte Sachverhalt verdeutlicht, daß die sofortige Ausführung sämtlicher Vorwärts- und Rückwärtsimplikationen, mittels derer alle eindeutig bestimmbaren logischen Werte an die entsprechenden Signale zugewiesen werden, sich in einer erheblichen Verbesserung beim Beschneiden des Suchraums niederschlägt und darüber hinaus wesentliche Verringerungen in der Zahl der Knoten im Entscheidungsbaum sowie in der Zahl der anfallenden *Backtrackings* bewirkt. Insbesondere erlaubt die unmittelbare Ausführung aller Vorwärts- und Rückwärtsimplikationen in gewissen Fällen, redundante Fehler ohne *Backtracking* als solche zu identifizieren. Für den Fehler d/0 der im Bild 4.5 dargestellten Schaltung werden z.B. aus der Wertzuweisung d = 1, die die Fehlerbelegung des Zielfehlers repräsentiert, sofort die Wertzuweisungen c = 1 und b = 0 impliziert. Damit liegt gemäß der im Kapitel 4.2.4 eingeführten Definition am Signal d eine widersprüchliche Wertzuweisung vor. Da der Entscheidungsbaum nur aus seinem Wurzelknoten besteht, existiert keine Möglichkeit, *Backtracking* durchzuführen, und der Fehler d/0 ist demzufolge ohne *Backtracking* als redundant nachgewiesen.

4.3.2.2. Globale Implikationen

Eine weitere erhebliche Verbesserung deterministischer Testmustergenerierungsalgorithmen läßt sich erzielen, wenn zusätzlich zu den beschriebenen lokalen Vorwärts- und Rückwärtsimplikationen auch **globale Implikationen** erkannt und während der Testmustergenerierung ausgeführt werden können [Schu87b, SzAu88]. Bild 4.8 zeigt einen Ausschnitt aus einer größeren Schaltung, in der der logische Wert 1 dem Signal a zugewiesen worden ist. Weiterhin soll vorausgesetzt werden, daß sich der vorgegebene Zielfehler der deterministischen Testmustergenerierung nicht in diesem Teil der Schaltung befindet und daß sich seine Effekte auch nicht dahin auswirken können. Dadurch ist sichergestellt, daß in diesem Teil der Schaltung nur die logischen Werte 0, 1 und X, nicht aber D oder $\overline{\mathrm{D}}$ auftreten können.

Ausgehend von der Wertzuweisung a = 1 würde die Implikationsprozedur des FAN-Algorithmus [Fuji83] sofort die Wertzuweisungen d = 1, e = 1 und f = 1 mittels lokaler Vorwärtsimplikationen treffen.

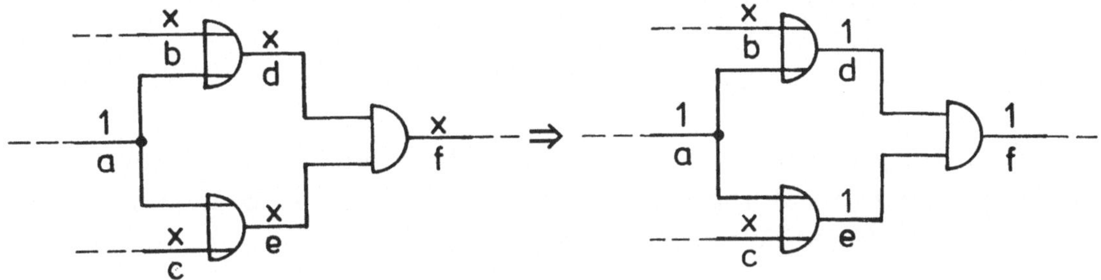

Bild 4.8: Lokale Implikationen ausgehend von der Wertzuweisung a = 1

Bild 4.9 zeigt denselben Schaltungsteil wie Bild 4.8, in dem nun jedoch Signal f der logische Wert 0 zugewiesen worden ist und somit eine andere Belegungssituation vorliegt. Da f das Ausgangssignal eines AND-Gatters darstellt und beide Gattereingänge den logischen Wert X besitzen, kann keine lokale Implikation ausgeführt werden.

Die Anwendung des aus der Logik bekannten **Kontrapositionsgesetzes**

$$(P \Rightarrow Q) \Leftrightarrow (\neg Q \Rightarrow \neg P) \qquad (4.14)$$

erlaubt es, auch in Belegungssituationen, wie sie durch Bild 4.9 beispielhaft charakterisiert sind, Implikationen zu treffen. In der Äquivalenz (4.14) bezeichnen P und Q Aussagenvariablen, die als stellvertretend für beliebige Aussagen zu betrachten sind. Werden P und Q jeweils durch

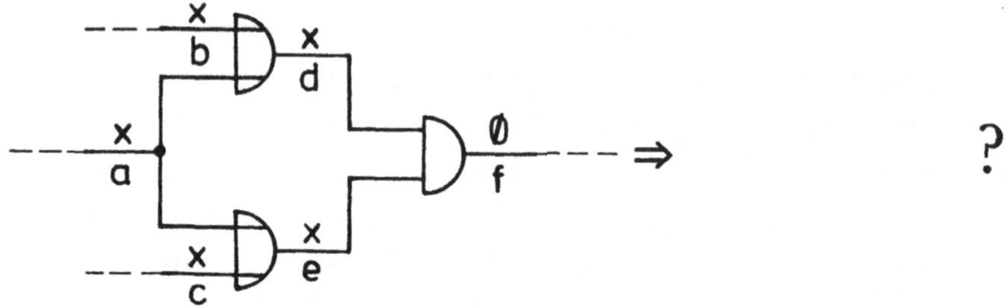

Bild 4.9: Lokale Implikationen ausgehend von der Wertzuweisung f = 0

die Aussagen „Signal a besitzt den logischen Wert 1" und „Signal f besitzt den logischen Wert 1" ersetzt, so ergibt sich die rechte Seite der Äquivalenz (4.14) zu

$$(a = 1) \Rightarrow (f = 1). \tag{4.15}$$

Dies stellt entsprechend Bild 4.8 offensichtlich eine gültige Implikation für das gewählte Schaltungsbeispiel dar. Macht man Gebrauch von der Äquivalenz (4.14), so läßt sich aus (4.15)

$$\neg(f = 1) \Rightarrow \neg(a = 1) \tag{4.16}$$

deduzieren. Durch die Ausführung der Negationen in (4.16) erhält man

$$(f = 0) \Rightarrow (a = 0). \tag{4.17}$$

Betrachtet man nun Bild 4.9, so wird offenkundig, daß der logische Wert 0 am Signal f nur eingestellt werden kann, wenn auch Signal a den logischen Wert 0 annimmt. Demzufolge bestimmt die Wertzuweisung f = 0 die Wertzuweisung a = 0 eindeutig, so daß diese sofort durchgeführt werden kann (Bild 4.10). Da diese Implikation nicht durch die lokale Betrachtung eines einzelnen Gatters erkannt wird, sondern über mehrere Gatter hinweg erfolgt, wird sie als globale Implikation bezeichnet.

Die zusätzliche Ausführung der globalen Implikationen verstärkt die vorteilhaften Auswirkungen, die sich aus der Anwendung der Implika-

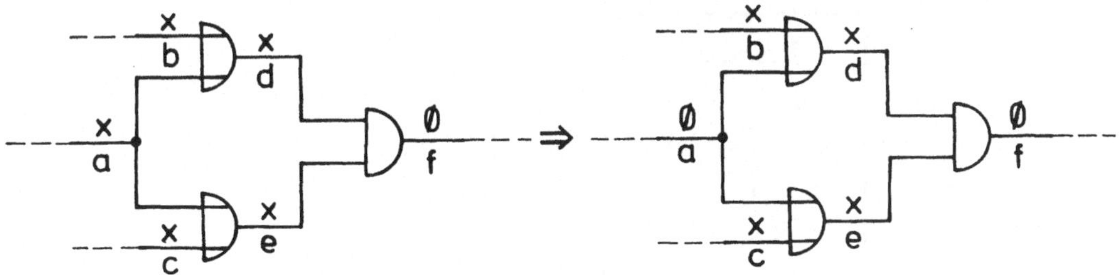

Bild 4.10: Globale Implikationen ausgehend von der Wertzuweisung f = 0

tionsprozedur während der deterministischen Testmustergenerierung ergeben. Insbesondere ermöglichen die globalen Implikationen ein verbessertes Beschneiden des Suchraums, eine weitere Verringerung der Zahl der Knoten im Entscheidungsbaum und eine Reduktion der Zahl der anfallenden *Backtrackings*. Da sie zudem erheblich zur Minimierung der Größe der unerkannten Nichtlösungsgebiete im Entscheidungsbaum beitragen, stellen sie ein vortreffliches Mittel dar, um die im Kapitel 4.1.3 ausgearbeiteten globalen Ziele zur Verbesserung und Beschleunigung deterministischer Testmustergenerierungsalgorithmen zu erreichen.

4.3.2.3. Lernen globaler Implikationen

Um den deterministischen Testmustergenerierungsalgorithmus in die Lage zu versetzen, die globalen Implikationen tatsächlich treffen und ausnutzen zu können, wird im automatischen Testmustergenerierungssystem SOCRATES [Schu87b, Schu88] eine Lernprozedur vor dem Beginn der eigentlichen Testmustergenerierung im Rahmen einer *Preprocessing* Phase ausgeführt. Diese Lernprozedur besitzt die Aufgabe, die möglichen globalen Implikationen zu erkennen und abzuspeichern. Die Bilder 4.11 und 4.12 veranschaulichen die Lernprozedur mit Hilfe einer Pseudocode-Notation.

Die Lernprozedur bedient sich der globalen Strategie, einem bestimmten Signal der Schaltung einen logischen Wert zuzuweisen, alle Implikationen, die sich aus dieser Wertzuweisung ergeben, vorzunehmen und aus den Ergebnissen dieser Implikationen zu lernen. Diese drei Verfahrensschritte werden auf alle Signale der Schaltung und jeweils für beide logische Werte 0 und 1 angewendet.

```
Lernen ()
{
    Für jedes Signal i
    {
        i = 0
        Implikation ()
        Analysiere_ Ergebnis ( i )
        i = 1
        Implikation ()
        Analysiere_ Ergebnis ( i )
    }
}
```

Bild 4.11: Lernprozedur

Unter sämtlichen Implikationen, die sich aus der Wertzuweisung ergeben, mit der der gegenwärtige Lernschritt initialisiert worden ist, müssen diejenigen ausfindig gemacht werden, die es wert sind, gelernt zu werden. Es ist offensichtlich nicht sinnvoll, diejenigen lokalen Implikationen explizit zu lernen, die von der konventionellen Implikationsprozedur des FAN-Algorithmus [Fuji83] ebenfalls erkannt und folglich auch ausgeführt werden können, da dies zu einer Verschwendung von Speicherplatz führen würde. Betrachtet man nochmals das im Bild 4.8 dargestellte einfache Schaltungsbeispiel und setzt dabei voraus, daß der gegenwärtige Lernschritt durch die Wertzuweisung $a = 1$ initialisiert worden ist und daß der logische Wert 1 den Signalen d, e und f im Rahmen der anschließend aufgerufenen Implikationsprozedur zugewiesen worden ist, so wird klar, daß es unnötig ist, die Implikationen

$$(d = 0) \Rightarrow (a = 0) \tag{4.18}$$

und

$$(e = 0) \Rightarrow (a = 0) \tag{4.19}$$

zu lernen. Der Grund hierfür ist, daß die Signale d und e die Ausgangssignale von OR-Gattern darstellen und die konventionelle Implikationsprozedur des FAN-Algorithmus diese lokalen Implikationen sofort treffen würde. Auf der anderen Seite wird die globale Implikation

$$(f = 0) \Rightarrow (a = 0) \tag{4.20}$$

entsprechend obigen Ausführungen (Kapitel 4.3.2.2) von der konventionellen Implikationsprozedur nicht erkannt und muß demzufolge gelernt werden.

Die beschriebene Vorgehensweise, für alle zur Disposition stehenden Implikationen explizit zu überprüfen, ob sie von der konventionellen Implikationsprozedur ausgeführt werden können oder nicht, wäre mit einem erheblichen Rechenzeitaufwand verbunden und aus diesem Grund für hochintegrierte Schaltungen nicht durchführbar. Die Einführung eines **Lernkriteriums** bietet die vorteilhafte Möglichkeit, allgemein und auf sehr effiziente Weise zu entscheiden, welche Implikationen lernenswert sind und welche nicht.

- Lernkriterium:
  Es sei i das Signal, an dem der gegenwärtige Lernschritt mittels der Wertzuweisung $i = v_i$ initialisiert worden ist, und j sei ein Signal, dem der feste logische Wert $v_j \in \{ 0,1 \}$ mittels der anschließend ausgeführten Implikationsprozedur zugewiesen worden ist, d.h.

$$(i = v_i) \Rightarrow (j = v_j). \tag{4.21}$$

  Darüber hinaus sei j das Ausgangssignal des Gatters g. Die Implikation

$$(j = \overline{v}_j) \Rightarrow (i = \overline{v}_i) \tag{4.22}$$

  wird als lernenswert erachtet, falls

  (1) v_j erfordert, daß alle Gattereingangssignale von g nichtdominante (sensibilisierende) Werte bezüglich g (z.B. $v_j = 1$, falls g ein AND-Gatter ist) besitzen und

(2) eine Vorwärtsimplikation (Kapitel 4.3.2.1) zu der Wertzuweisung $j = v_j$ beigetragen hat.

```
Analysiere_ Ergebnis ( i )
{
  vi = Wert des Signals i
  Für jedes Signal j ≠ i mit logischem Wert 0 oder 1
  {
    vj = Wert des Signals j
    g  = Gatter mit Ausgangssignal j
    tg = Typ des Gatters g
    Falls ( vj = 1 und ( tg = AND oder tg = NOR  ) oder
            vj = 0 und ( tg = OR  oder tg = NAND ) oder
            tg = XOR oder tg = XNOR ) dann
    {
      Falls ( Überprüfe_ Pfad ( j,i ) = 0 ) dann
      {
        Speichere_ Implikation ( j = v̄j ⇒ i = v̄i )
      }
    }
  }
}
```

Bild 4.12: Realisierung des Lernkriteriums mittels der Prozedur *Analysiere_ Ergebnis*

Das Lernkriterium ist mittels der Prozedur *Analysiere_ Ergebnis* implementiert (Bild 4.12). Die Bedingung (1) ist erfüllt, falls $v_j = 1$ und g ein AND- oder ein NOR-Gatter darstellt, falls $v_j = 0$ und g ein OR- oder ein NAND-Gatter verkörpert oder falls g ein XOR- oder ein XNOR-Gatter repräsentiert. Wenn das Ergebnis der Prozedur *Überprüfe_ Pfad* anzeigt, daß kein gerichteter struktureller Pfad vom Signal j zum Signal i existiert, ist sichergestellt, daß eine Vorwärtsimplikation zu der Wertzuweisung $j = v_j$ beigetragen hat. Folglich ist auch die Bedingung (2) erfüllt.

Das Lernkriterium in der beschriebenen Form stellt eine hinreichende, aber keine notwendige Bedingung dafür dar, daß eine Implikation nicht von der konventionellen Implikationsprozedur des FAN-Algorithmus ausgeführt werden kann. Darüber hinaus kann auch eine Vorwärtsimplikation zu der Wertzuweisung $j = v_j$ beigetragen haben, falls ein struktureller Pfad vom Signal j zum Signal i existiert. Demzufolge können Beispiele konstruiert werden, in denen die Prozedur *Analysiere_ Ergebnis* nicht all diejenigen Implikationen identifiziert, die von der konventionellen Implikationsprozedur nicht erkannt werden. Andererseits ist für alle Implikationen, die von der Prozedur *Analysiere_ Ergebnis* durch den angedeuteten Aufruf der Prozedur *Speichere_ Implikation* gelernt werden, sichergestellt, daß sie von der konventionellen Implikationsprozedur nicht getroffen werden können.

Die praktische Erfahrung hat jedoch gezeigt, daß das beschriebene Lernkriterium und seine programmtechnische Realisierung mittels der Prozedur *Analysiere_ Ergebnis* einen ausgezeichneten Kompromiß bezüglich der Vollständigkeit der gelernten globalen Implikationen und der zum Lernen benötigten Rechenzeit darstellen. Für die meisten der untersuchten Schaltungen werden alle relevanten globalen Implikationen gelernt, wobei die zum Lernen erforderliche Rechenzeit deutlich unter der Gesamtrechenzeit zur automatischen Testmustergenerierung liegt (Kapitel 4.5).

Abschließend sei noch erwähnt, daß das vorgestellte Konzept, globale Implikationen während der eigentlichen Testmustergenerierung vorausgehenden *Preprocessing* Phase zu lernen, auch zur Verbesserung und Beschleunigung des deterministischen Testmustergenerierungsprozesses für sequentielle Schaltungen vorteilhaft ausgenutzt werden kann.

4.3.3. Die Prozedur zur Durchführung der zwingend notwendigen Sensibilisierungsmaßnahmen

Die Fortpflanzung der Effekte des Zielfehlers zu mindestens einem der Schaltungsausgänge stellt eine der zentralen Teilaufgabenstellungen im Rahmen der deterministischen Testmustergenerierung dar. Für ihre effiziente Bearbeitung ist die Erkennung und unmittelbare Ausführung der **zwingend notwendigen Sensibilisierungsmaßnahmen** von entscheidender Bedeutung.

- Definition des Begriffs der zwingend notwendigen Sensibilisierungsmaßnahme:
  Die Effekte des vorgegebenen Zielfehlers mögen noch nicht bis zu den Schaltungsausgängen fortgepflanzt worden sein und die D-Front möge aus wenigstens einem Signal bestehen, d.h.

$$V_D \cap V_O = \emptyset \;\wedge\; V_D \neq \emptyset. \qquad (4.23)$$

Es sei y ein Signal der Schaltung, das in der vorliegenden Belegungssituation von den in der D-Front enthaltenen Signalen auf keinem potentiellen Fehlereffektausbreitungspfad (FEA-Pfad) erreichbar ist, d.h.

$$\forall_{x \in V_D} \neg \exists_{\substack{P \in \\ V_{P(x,\dots,y)}}} \text{(P ist potentieller FEA-Pfad).} \qquad (4.24)$$

Die Wertzuweisung $y = w$ mit $w \in \{0,1\}$ ist genau dann eine zwingend notwendige Sensibilisierungsmaßnahme, wenn die Wertzuweisung $y = \overline{w}$ zu

$$V_D = \emptyset \qquad (4.25)$$

führen würde, d.h. alle existierenden potentiellen Fehlereffektausbreitungspfade von den Signalen in der D-Front zu den Schaltungsausgängen zerstören würde. In diesem Fall wären offensichtlich sämtliche Möglichkeiten, die Effekte des Zielfehlers zu einem der Schaltungsausgänge fortpflanzen zu können, zunichte gemacht.

Zwingend notwendige Sensibilisierungsmaßnahmen können laut obiger Definition nur an Signalen auftreten, die von keinem Signal in der D-Front auf einem potentiellen Fehlereffektausbreitungspfad erreichbar sind. Der Grund hierfür ist, daß nur diese Signale mit Sicherheit nicht den logischen Wert D oder $\overline{D}$ annehmen. Dagegen kann für Signale, zu denen die Effekte des Zielfehlers möglicherweise im weiteren Verlauf der Testmustergenerierung noch fortgepflanzt werden, a priori nicht entschieden werden, ob ihnen ein fester oder ein fehlerleitender Wert (D oder $\overline{D}$) zugewiesen werden wird. Demzufolge existieren für solche Signale auch keine zwingend notwendigen Sensibilisierungsmaßnahmen.

Aufgrund ihrer Definition können die zwingend notwendigen Sensibilisierungsmaßnahmen als eine andere Art von Implikationen aufgefaßt werden. Insbesondere entsteht bei ihrer Ausführung genau wie bei der Ausführung aller lokalen und globalen Implikationen kein neuer Knoten im Entscheidungsbaum.

4.3.3.1. Strukturbezogene Sensibilisierungsmaßnahmen

Die Erkennung aller zwingend notwendigen Sensibilisierungsmaßnahmen ist im allgemeinen Fall aus Komplexitätsgründen ebenso wie die Identifizierung sämtlicher obligatorischen Wertzuweisungen und sämtlicher Implikationen, die sich aus einer vorliegenden Belegungssituation ergeben, nicht möglich. Deshalb beschränkt man sich entsprechend einem Verfahrensvorschlag von Fujiwara [Fuji83] auf Situationen, in denen

- die Effekte des Zielfehlers noch nicht bis zu den Schaltungsausgängen fortgepflanzt worden sind, d.h. $V_D \cap V_O = \emptyset$,
- die D-Front aus nur einem Signal besteht, d.h. $|V_D| = 1$, und
- alle Pfade von dem in der D-Front enthaltenen Signal zu den Schaltungsausgängen durch bestimmte Gatter laufen.

Auf der Basis der im Kapitel 2.3.2 eingeführten Dominanzbeziehungen kann die Ausführungsanweisung 1 der Prozedur zur Durchführung zwingend notwendiger Sensibilisierungsmaßnahmen folgendermaßen formuliert werden:

- Ausführungsanweisung 1 der Prozedur zur Durchführung zwingend notwendiger Sensibilisierungsmaßnahmen:
Es sei x das einzige in der D-Front enthaltene Signal, d.h. $V_D = \{x\}$. Darüber hinaus sei x nicht das Signal eines Schaltungsausganges, d.h. $x \notin V_O$. Für alle Elemente von $\mathrm{dom}(x) = \{y_1, y_2, \ldots, y_n\}$ möge gelten, daß y_ν jeweils das Ausgangssignal des Gatters g_ν ist ($\nu = 1, 2, \ldots, n$). V_{S^ν} sei die Menge derjenigen Eingangssignale des Gatters g_ν, denen im Zuge der Durchführung der zwingend notwendigen Sensibilisierungsmaßnahmen feste logische Werte zugewiesen werden.
  - Für alle Gatter g_ν ($\nu = 1, 2, \ldots, n$), denen ein eindeutiger nichtdominanter logischer Wert w_ν zugeordnet ist, wird die Menge V_{S^ν} entsprechend

$$V_{S^\nu} = \left\{ z \in \mathrm{pre}(y_\nu) \,\middle|\, \neg \underset{\substack{P \in \\ V_{P(x,\ldots,z)}}}{\exists} (\text{ P ist pot. FEA-Pfad }) \right\} \tag{4.26}$$

bestimmt, wobei $V_{P(x,\ldots,z)}$ die Menge der gerichteten Pfade vom Knoten x zum Knoten z im Graphen G bezeichnet. Anschließend wird all denjenigen Signalen, die Elemente von V_{S^ν} sind, der feste logische Wert w_ν zugewiesen.

$$\underset{z \in V_{S^\nu}}{\forall} (z = w_\nu) \tag{4.27}$$

  - Für alle Gatter g_ν ($\nu = 1, 2, \ldots, n$), die keinen eindeutigen nichtdominanten logischen Wert besitzen, werden keine zwingend notwendigen Sensibilisierungsmaßnahmen ausgeführt. Somit gilt für diese Gatter

$$V_{S^\nu} = \emptyset. \tag{4.28}$$

Aus der Formulierung der Ausführungsanweisung 1 wird deutlich, daß zwingend notwendige Sensibilisierungsmaßnahmen nur an AND-, NAND-, OR- und NOR-Gattern durchgeführt werden, da nur diesen Gattern eindeutige nichtdominante logische Werte zugeordnet sind. Im Falle von XOR- und XNOR-Gattern sind entsprechend den Ausführungen im Kapitel 4.2.6 die beiden Werte 0 und 1 nichtdominant. Da beide zur Sensibilisierung eines Pfades durch ein XOR- oder ein XNOR-Gatter verwendet werden können, ist keine der beiden möglichen Wertzuweisungen an einen bestimmten Gattereingang zwingend notwendig, um die Effekte des Zielfehlers in Richtung der Schaltungsausgänge fortpflanzen zu können. INV- und BUF-Gatter besitzen nur einen Gattereingang, so daß an ihnen prinzipiell keine Sensibilisierungsmaßnahmen erforderlich sind.

Die Vorschrift zur Berechnung der den einzelnen Gattern g_ν zugeordneten Mengen V_{S^ν} (Gl. (4.26)) stellt entsprechend der Definition der zwingend notwendigen Sensibilisierungsmaßnahmen sicher, daß nur diejenigen Signale berücksichtigt werden, die vom Signal in der D-Front nicht auf einem potentiellen Fehlereffektausbreitungspfad erreicht werden können. Damit ist gleichzeitig gewährleistet, daß keinem Signal der Schaltung, zu dem sich die Effekte des vorgegebenen Zielfehlers im weiteren Verlauf des deterministischen Testmustergenerierungsprozesses eventuell noch ausbreiten können, ein fester logischer Wert zugewiesen wird, wodurch diese Fortpflanzungsmöglichkeit für die Fehlereffekte zerstört würde. Diese Vorgehensweise unterstützt insbesondere die Testmustergenerierung für solche Fehler, zu deren Erkennung eine Mehrfachpfadsensibilisierung unumgänglich ist.

Bild 4.13 zeigt ein einfaches Beispiel für die Anwendung der Ausführungsanweisung 1. Die D-Front besteht nur aus dem Signal a, d.h. $V_D = \{ a \}$, und das Signal g repräsentiert offensichtlich einen Dominator des Signals a, d.h. $g \in dom(a)$. Das Gatter, dessen Ausgangssignal das Signal g ist, stellt ein AND-Gatter dar, das definitionsgemäß (Kapitel 4.2.6) den eindeutigen nichtdominanten logischen Wert 1 besitzt. Während zwischen dem Signal a und dem Signal d kein potentieller Fehlereffektausbreitungspfad existiert, sind die Gattereingänge e und f jeweils auf potentiellen Fehlereffektausbreitungspfaden vom Signal a aus erreichbar. Demzufolge ergibt sich gemäß Gl. (4.26) die dem Gatter mit dem Ausgangssignal g zugeordnete Menge $V_{S^g} = \{ d \}$. Dies be-

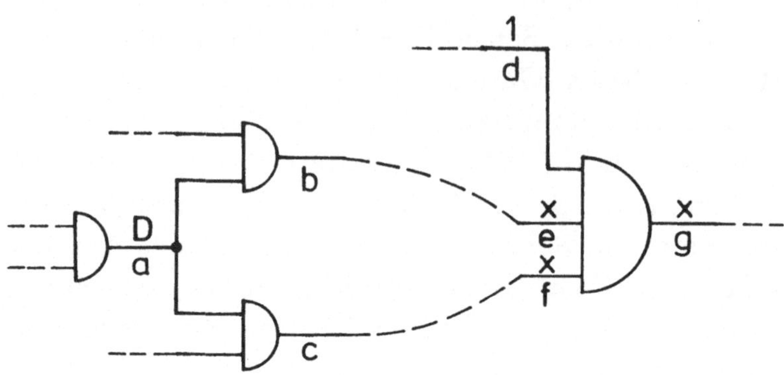

Bild 4.13: Beispiel zur Anwendung der Ausführungsanweisung 1 im Rahmen der Durchführung zwingend notwendiger Sensibilisierungsmaßnahmen

deutet, daß die Wertzuweisung d = 1 eine zwingend notwendige Sensibilisierungsmaßnahme darstellt und sofort ausgeführt wird (Bild 4.13).

Andererseits darf weder dem Signal e noch dem Signal f der feste logische Wert 1 zugewiesen werden. Der Grund hierfür ist, daß beide Signale e und f vom Signal a aus auf potentiellen Fehlereffektausbreitungspfaden erreichbar sind, über die die Effekte des Zielfehlers möglicherweise zu einem oder beiden fortgepflanzt werden können. Dies hätte die Zuweisung des logischen Wertes D oder $\overline{D}$ an eines der Signale oder an beide zur Folge. Die Zuweisung eines festen logischen Wertes an eines der Signale e oder f stellt somit keine zwingend notwendige Sensibilisierungsmaßnahme dar und würde gar zur Zerstörung bestehender Fortpflanzungsmöglichkeiten für die Effekte des Zielfehlers führen.

Im Bild 4.14 ist eine andersartige Belegungssituation veranschaulicht, für deren Behandlung die Ausführungsanweisung 1 ungeeignet ist. Dabei soll wiederum angenommen werden, daß die D-Front ursprünglich nur aus dem Signal a bestand. Um die Effekte des Zielfehlers über wenigstens eines der Signale d, e oder f zu einem der Schaltungsausgänge fortpflanzen zu können, ist es offensichtlich notwendig, dem Signal b den logischen Wert 1 zuzuweisen. Der erste Grund hierfür besteht darin, daß sich Signal b auf all diejenigen Gatter verzweigt, die auch vom Signal a als dem einzigen in der D-Front enthal-

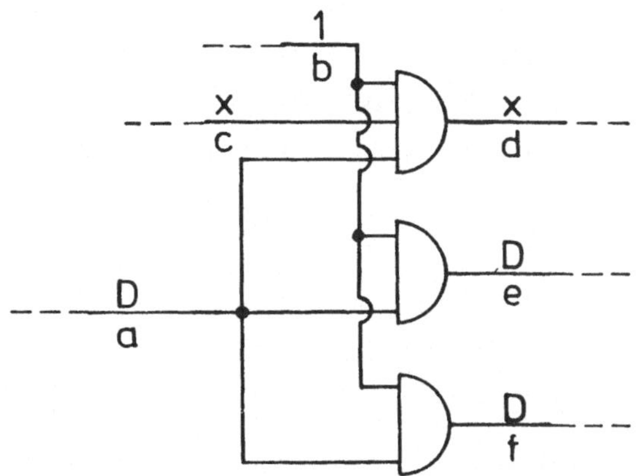

Bild 4.14: Beispiel für die Anwendung der verbesserten Prozedur zur Durchführung zwingend notwendiger Sensibilisierungsmaßnahmen

tenen Signal gespeist werden. In anderen Worten ausgedrückt, alle Nachfolger des Signals a im Graphen G stellen auch Nachfolger des Signals b dar. Der zweite Grund schließlich ergibt sich aus der Tatsache, daß alle Gatter, deren jeweilige Ausgangssignale die Signale d, e und f sind, AND-Gatter verkörpern und somit den gleichen eindeutigen nichtdominanten logischen Wert 1 aufweisen. Im Gegensatz zum Signal b besitzt das Signal c nur das Signal d als Nachfolger. Folglich darf ihm kein fester logischer Wert im Zuge der Durchführung der zwingend notwendigen Sensibilisierungsmaßnahmen zugewiesen werden.

Im Unterschied zum FAN-Algorithmus [Fuji83] berücksichtigt der im automatischen Testmustergenerierungssystem SOCRATES implementierte deterministische Testmustergenerierungsalgorithmus [Schu87b, SzAu88] solche Belegungssituationen, wie sie durch Bild 4.14 beispielhaft charakterisiert sind. Zu diesem Zweck enthält er eine verbesserte Prozedur zur Durchführung zwingend notwendiger Sensibilisierungsmaßnahmen, der zusätzlich zur beschriebenen Ausführungsanweisung 1 eine weitere Ausführungsanweisung 2 zugrunde liegt.

- Ausführungsanweisung 2 der verbesserten Prozedur zur Durchführung zwingend notwendiger Sensibilisierungsmaßnahmen:
  Es sei x das einzige Signal, aus dem die D-Front besteht, oder ein Dominator des einzigen Signals, aus dem die D-Front besteht. Darüber hinaus sei x nicht das Signal eines Schaltungsausganges, d.h.

$$\left[V_D = \{x\} \vee V_D = \{z\} \wedge x \in \mathrm{dom}(z) \right] \wedge x \notin V_O. \quad (4.29)$$

Ferner möge $suc(x) = \{x_1, x_2, \ldots, x_n\}$ die Menge der Nachfolger des Signals x im Graphen G darstellen, und mit g_ν sei jeweils dasjenige Gatter bezeichnet, dessen zugehöriges Ausgangssignal x_ν ist ($\nu = 1, 2, \ldots, n$).

- Falls alle Gatter g_ν ($\nu = 1, 2, \ldots, n$) den gleichen eindeutigen nichtdominanten logischen Wert w_ν besitzen, d.h. falls

$$w_1 = w_2 = \ldots = w_n = w, \quad (4.30)$$

wird die Menge V_S entsprechend

$$V_S = \{ y \in V \mid y \neq x \wedge suc(x) \subseteq suc(y) \} \quad (4.31)$$

bestimmt. Anschließend wird all denjenigen Signalen, die Elemente von V_S sind, der bezüglich aller Gatter g_ν ($\nu = 1, 2, \ldots, n$) nichtdominante logische Wert w (Gl. (4.30)) zugewiesen.

$$\forall_{y \in V_S} (y = w) \quad (4.32)$$

- Falls nicht alle Gatter g_ν ($\nu = 1, 2, \ldots, n$) den gleichen eindeutigen nichtdominanten logischen Wert besitzen, werden keine zwingend notwendigen Sensibilisierungsmaßnahmen ausgeführt. Somit gilt

$$V_S = \emptyset. \quad (4.33)$$

Die Signale y, auf die die Ausführungsanweisung 2 unter der Voraussetzung, daß die Bedingung (4.29) erfüllt ist, angewendet werden kann, werden wie die Dominanzbeziehungen statisch im Rahmen einer vorab durchgeführten Strukturanalyse bestimmt. Diese nimmt gleichzeitig auch die Überprüfung vor, ob alle Gatter, auf die sich ein gegebenes Signal verzweigt, den gleichen eindeutigen nichtdominanten logischen Wert besitzen.

Die zusätzliche Anwendung der Ausführungsanweisung 2 erlaubt es, eine größere Zahl zwingend notwendiger Sensibilisierungsmaßnahmen zu erkennen und zu treffen, als dies beispielsweise mit dem FAN-Algorithmus [Fuji83] möglich ist. Sie schlägt sich ebenso wie die zusätzliche Ausführung der gelernten globalen Implikationen (Kapitel 4.3.2) in wesentlichen Verbesserungen beim Beschneiden des Suchraums sowie in einer erheblichen Minimierung der unerkannten Nichtlösunsgebiete des Entscheidungsbaums nieder. Damit verbunden sind eine frühere und leichtere Identifizierung von widersprüchlichen Wertzuweisungen und von redundanten Fehlern sowie deutliche Einsparungen in der Zahl der während der deterministischen Testmustergenerierung anfallenden *Backtrackings*. Die Verwendung der verbesserten Prozedur zur Durchführung zwingend notwendiger Sensibilisierungsmaßnahmen steigert die Leistungsfähigkeit des deterministischen Testmustergenerierungsalgorithmus speziell für Schaltungen mit PLA (*Programmable Logic Array*)-Struktur, da in diesen Schaltungen Situationen, zu deren Behandlung die Ausführungsanweisung 2 erfolgreich eingesetzt werden kann, besonders häufig auftreten.

4.3.3.2. Dynamische Berücksichtigung der Belegungssituation

Die vorgestellten Ausführungsanweisungen 1 und 2 beruhen hauptsächlich auf den Ergebnissen einer Analyse der Schaltungsstruktur, die in einer der eigentlichen Testmustergenerierung vorausgehenden Aufbereitungsphase vorgenommen wird. Die Leistungsfähigkeit der Prozedur zur Durchführung der zwingend notwendigen Sensibilisierungsmaßnahmen kann jedoch weiter gesteigert werden, indem die in der Schaltung vorliegende Belegungssituation dynamisch in die Ausführungsanweisungen 1 und 2 einbezogen wird und gleichzeitig auf die stark einschränkende Voraussetzung, daß die D-Front nur aus einem Signal bestehen darf, verzichtet wird. (Anmerkung: Diese Erweiterung wurde aus Gründen der Einfachheit und der Übersichtlichkeit nicht im Bild 4.6 berücksichtigt, so daß dieses nur Vorgehensweise bei der strukturbezogenen Betrachtungsweise wiedergibt.)

Um die Vorgehensweise bei der dynamischen Berücksichtigung der Belegungssituation exakt beschreiben zu können, wird zunächst der Begriff der dynamischen Dominanzbeziehungen eingeführt [SzAu88].

- Definition des Begriffs der dynamischen Dominanzbeziehungen:
  Ein Knoten y heißt dynamischer Dominator des Knotens x, d.h. $y \in dom^{dyn}(x)$, genau dann, wenn jeder potentielle Fehlereffektausbreitungspfad vom Knoten x zu den terminalen Knoten des Graphen G über den Knoten y führt.

Darauf aufbauend können die Ausführungsanweisungen 1 und 2 zur dynamischen Berücksichtigung der in der Schaltung vorliegenden Belegungssituation folgendermaßen formuliert werden [SzAu88]:

- Dynamische Ausführungsanweisung 1:
  Die D-Front möge aus den Signalen x_1, x_2, ..., x_n bestehen, von denen keines ein Ausgangssignal der Schaltung darstellen soll, d.h. $V_D \cap V_O = \emptyset$. Ferner sei $Y = \{ y_1, y_2, \ldots, y_m \}$ die Menge der dynamischen Dominatoren, die allen Signalen x_1, x_2, ..., x_n gemeinsam sind, d.h.

$$Y = dom^{dyn}(x_1) \cap dom^{dyn}(x_2) \cap \cdots \cap dom^{dyn}(x_n). \quad (4.34)$$

  Unter der Voraussetzung, daß y_μ jeweils das Ausgangssignal des Gatters g_μ verkörpert ($\mu = 1, 2, \ldots, m$) und g_μ einen eindeutigen nichtdominanten logischen Wert besitzt, wird dieser entsprechend (4.26) und (4.27) all denjenigen Eingangssignalen von g_μ zugewiesen, die von keinem der in der D-Front enthaltenen Signale (x_1, x_2, ..., x_n) auf einem potentiellen Fehlereffektausbreitungspfad erreichbar sind.

- Dynamische Ausführungsanweisung 2:
  Es sei y ein Element der durch Gl. (4.34) definierten Menge Y oder das einzige Signal, aus dem die D-Front in der vorliegenden Belegungssituation besteht. Darüber hinaus möge $y \notin V_O$ gelten. In der Menge V_H seien all diejenigen Nachfolger des Signals y zusammengefaßt, die auf mindestens einem potentiellen Fehlereffektausbreitungspfad von den Signalen der D-Front zu den Schaltungsausgängen liegen, d.h.

$$V_H = \left\{ t \in \mathrm{suc}(y) \,\middle|\, \underset{s \in V_D}{\exists} \; \underset{u \in V_O}{\exists} \; \underset{P \in V_{P(s,\ldots,t,\ldots,u)}}{\exists} (\text{ P ist pot. FEA-Pfad }) \right\}. \quad (4.35)$$

Damit ist offensichtlich

$$V_H \subseteq \mathrm{suc}(y). \quad (4.36)$$

Falls alle Gatter, deren jeweilige Ausgangssignale die Elemente der Menge V_H sind, den gleichen eindeutigen nichtdominanten logischen Wert w^{dyn} besitzen, wird die Menge V_S^{dyn} entsprechend

$$V_S^{dyn} = \{ z \in V \,|\, z \neq y \wedge V_H \subseteq \mathrm{suc}(z) \} \quad (4.37)$$

bestimmt. Anschließend wird wiederum all denjenigen Signalen, die Elemente von V_s^{dyn} sind, der eindeutige nichtdominante logische Wert w^{dyn} zugewiesen.

$$\underset{z \in V_S^{dyn}}{\forall} (z = w^{dyn}) \quad (4.38)$$

Durch die dynamische Berücksichtigung der Belegungssituation können wesentlich mehr zwingend notwendige Sensibilisierungsmaßnahmen erkannt und ausgeführt werden, als dies unter Verwendung der strukturbezogenen Betrachtungsweise möglich ist. Dieser Sachverhalt wird durch das im Bild 4.15 dargestellte einfache Schaltungsbeispiel unterlegt.

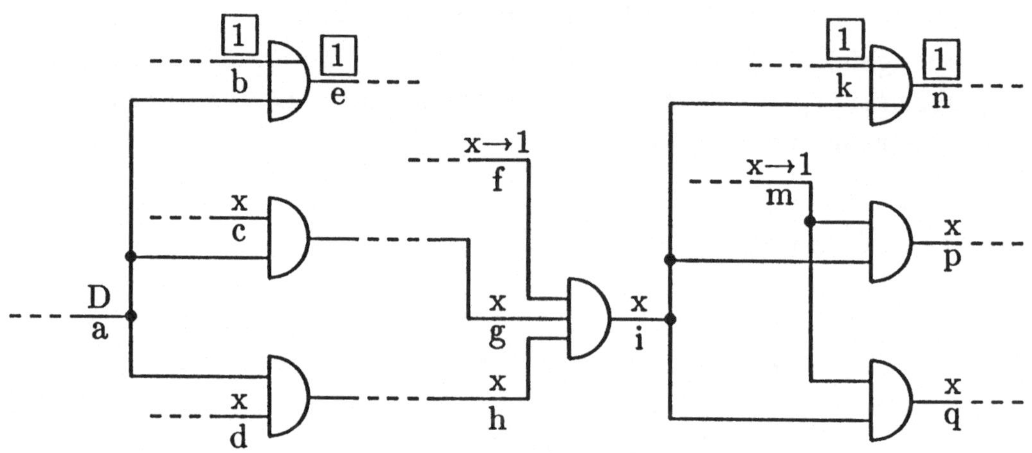

Bild 4.15: Vorteilhafte Auswirkungen der dynamischen Betrachtungsweise im Rahmen der Ausführungsanweisungen 1 und 2

Dabei soll der Einfachheit halber angenommen werden, daß die D-Front wiederum nur aus dem Signal a besteht, d.h. $V_D = \{a\}$. Ferner soll unterstellt werden, daß die durch eine Umrahmung gekennzeichneten Wertzuweisungen $b = 1$, $e = 1$, $k = 1$ und $n = 1$ bereits in einem früheren Stadium des deterministischen Testmustergenerierungsprozesses getroffen worden sind. In der gegebenen Belegungssituation ist somit ausgeschlossen, daß das Signal e auf einem potentiellen Fehlereffektausbreitungspfad liegt. Demzufolge ergibt sich

$$\mathrm{dom}^{\mathrm{dyn}}(a) = \{i\}, \tag{4.39a}$$

wohingegen offensichtlich

$$\mathrm{dom}(a) = \emptyset \tag{4.39b}$$

gilt. Aus (4.39b) folgt, daß die Voraussetzungen für die Anwendung der strukturbezogenen Ausführungsanweisungen 1 und 2 nicht erfüllt sind und somit von diesen keine zwingend notwendigen Sensibilisierungsmaßnahmen durchgeführt werden können, obwohl die D-Front aus nur einem Signal besteht. Im Gegensatz dazu erhält man entsprechend (4.34) $Y = \{ i \}$, so daß Gl. (4.26) $V_{S^i} = \{ f \}$ liefert und die Wertzuweisung $f = 1$ von der dynamischen Ausführungsanweisung 1 als zwingend notwendige Sensibilisierungsmaßnahme vorgenommen werden kann. Darüber hinaus erfüllt das Signal i auch die Bedingungen für die Anwendung der dynamischen Ausführungsanweisung 2. Da dem Signal n bereits der logische Wert 1 zugewiesen worden ist, liegen nur die Signale p und q auf potentiellen Fehlereffektausbreitungspfaden. Demzufolge ergibt sich für das Signal i $V_H = \{ p,q \}$ (Gl. (4.35)). Da beide Gatter, deren Ausgangssignale p und q sind, AND-Gatter darstellen und den gleichen eindeutigen nichtdominanten Wert $w^{dyn} = 1$ besitzen und da $suc(m) = \{ p,q \} = V_H$ gilt, folgt aus (4.37) $V_S^{dyn} = \{ m \}$. Infolgedessen stellt die Wertzuweisung $m = 1$ ebenfalls eine zwingend notwendige Sensibilisierungsmaßnahme dar, die von der dynamischen Ausführungsanweisung 2 sofort getroffen wird. Ausdrücklich erwähnt sei noch, daß die strukturbezogene Ausführungsanweisung 2 auch dann nicht in der Lage wäre, die zwingend notwendige Sensibilisierungsmaßnahme $m = 1$ zu erkennen, wenn das Signal i einen Dominator des Signals a darstellen würde und die Bedingung (4.29) demnach erfüllt wäre. Die Gründe hierfür sind, daß zum einen das OR-Gatter mit dem Ausgangssignal n einen anderen nichtdominanten Wert als die beiden AND-Gatter mit den Ausgangssignalen p und q besitzt und daß sich zum anderen Signal m nicht auf alle drei Gatter verzweigt, d.h. $suc(i) \nsubseteq suc(m)$ (Gl. (4.31)).

Abschließend sei darauf hingewiesen, daß den vorteilhaften Auswirkungen, die sich aus der dynamischen Einbeziehung der in der Schaltung vorliegenden Belegungssituation in die Ausführungsanweisungen 1 und 2 ergeben, ein nicht vernachlässigbarer Mehraufwand an Rechenzeit gegenübersteht. Dieser resultiert hauptsächlich daraus, daß die potentiellen Fehlereffektausbreitungspfade und die dynamischen Dominanzbeziehungen vor jedem Aufruf der Prozedur zur Durchführung der zwingend notwendigen Sensibilisierungsmaßnahmen neu bestimmt werden müssen. Aus diesem Grund bedient sich das automatische Testmustergenerierungssystem SOCRATES einer zweigestaffelten Vorgehensweise, die die strukturbezogene und die dynamische Betrachtungsweise rechenzeitsparend miteinander kombiniert. Dabei wird zunächst versucht, unter Verwendung der strukturbezogenen Ausführungsanweisungen 1 und 2 ein Testmuster für den Zielfehler zu generieren. Falls die Generierung im Rahmen der vorgegebenen Aufwandsbeschränkungen nicht erfolgreich abgeschlossen und der Zielfehler auch nicht als redundant nachgewiesen werden kann (*Aborted Fault*), besteht die Möglichkeit, die deterministische Testmustergenerierung für diesen Fehler zu wiederholen, wobei die Belegungssituation dynamisch in den Ausführungsanweisungen 1 und 2 berücksichtigt wird.

4.3.4. Die Multiple Backtrace Prozedur

Die Aufgabe der *Multiple Backtrace* Prozedur besteht in der Behandlung derjenigen Belegungssituationen, in denen mehrere Möglichkeiten (Alternativen) für die Sicherstellung des auf einer *Unjustified Bound Line* vorliegenden logischen Wertes oder für die weitere Fortpflanzung der Effekte des Zielfehlers in Richtung der Schaltungsausgänge existieren. Im Gegensatz zur Implikationsprozedur und zur Prozedur zur Durchführung der zwingend notwendigen Sensibilisierungsmaßnahmen wird jede von der *Multiple Backtrace* Prozedur vorgenommene Wertzuweisung als optional betrachet und bewirkt folglich die Entstehung eines neuen Knotens im Entscheidungsbaum. Die *Multiple Backtrace* Prozedur ist somit für den Aufbau des Entscheidungsbaums verantwortlich. Sie bestimmt die Signale, an denen aufgrund der Durchführung einer optionalen Wertzuweisung neue Knoten des Entscheidungsbaums entstehen, und legt insbesondere die Reihenfolge der Knoten im Entscheidungsbaum fest.

4.3.4.1. Testbarkeitsmaße

Zur Steuerung und Unterstützung des Entscheidungsprozesses, welche der zur Verfügung stehenden Möglichkeiten, den logischen Wert auf einer *Unjustified Bound Line* sicherzustellen oder die Effekte des Zielfehlers in Richtung der Schaltungsausgänge fortzupflanzen, ausgewählt werden soll, werden Testbarkeitsmaße eingesetzt, die mit Hilfe von Testbarkeitsanalyseprogrammen berechnet werden. Die Testbarkeitsmaße sind den einzelnen Signalen einer Schaltung zugeordnet und stellen üblicherweise Maßzahlen für die 0-Einstellbarkeit, die 1-Einstellbarkeit und die Beobachtbarkeit des jeweiligen Signals dar. Während die Einstellbarkeitsmaße Auskunft darüber geben, wie schwierig es ist, ein Signal auf den logischen Wert 0 bzw. 1 einzustellen, spiegeln die Beobachtbarkeitsmaße den relativen Grad der Schwierigkeit wider, den logischen Wert eines Signals an einem der Schaltungsausgänge beobachten zu können. Demzufolge werden die Einstellbarkeitsmaße sinnvollerweise für die Steuerung des Entscheidungsprozesses bei der Sicherstellung der logischen Werte auf den *Unjustified Bound Lines* verwendet, wohingegen die Fortpflanzung der Effekte des Zielfehlers mit Hilfe der Beobachtbarkeitsmaße gesteuert wird. Dabei wird unter den existierenden Alternativen jeweils diejenige ausgewählt, der von den Testbarkeitsmaßen die größte Erfolgswahrscheinlichkeit, d.h. die beste 0- oder 1-Einstellbarkeit bzw. die beste Beobachtbarkeit attestiert wird. Obwohl die Testbarkeitsmaße aufgrund der vereinfachenden Annahmen, die bei ihrer Berechnung zugrunde gelegt werden (z.B. Baumstruktur der Schaltung, gegenseitige Unabhängigkeit der Signale), nur Näherungswerte für die tatsächlichen Einstellbarkeiten und Beobachtbarkeiten darstellen, erweist sich diese Vorgehensweise als vorteilhaft und schlägt sich insbesondere in einer Verringerung der Zahl der anfallenden *Backtrackings* und der zur Testmustergenerierung erforderlichen Rechenzeit nieder [Tris84].

Die *Multiple Backtrace* Prozedur des deterministischen Testmustergenerierungsalgorithmus im automatischen Testmustergenerierungssystem SOCRATES [Schu87b, Schu88] wird mit Hilfe der Testbarkeitsmaße, die von den Testbarkeitsanalyseverfahren

- COP [Brgl83],
- LEVEL [Lioy87],
- SCOAP [Gold80] und
- dem in LAMP2 enthaltenen Verfahren [Abra85b, Abra86]

bereitgestellt werden, gesteuert. Dies trägt zu einer Steigerung der Flexibilität und Leistungsfähigkeit von SOCRATES im Vergleich zu anderen in der Literatur bekannten Testmustergenerierungssystemen bei, die oftmals nur ein Testbarkeitsanalyseverfahren (z.B. LAMP2 [Abra85a, Abra85b]) beinhalten. Manche Systeme (z.B. GEIST [Joha83]) verzichten auch ganz auf Testbarkeitsmaße als Entscheidungshilfe.

4.3.4.2. Objectives

Die Sicherstellung des logischen Wertes auf einer *Unjustified Bound Line* bzw. die weitere Fortpflanzung der Effekte des Zielfehlers in Richtung der Schaltungsausgänge geschieht im D-Algorithmus [Roth66] durch die Zuweisungen logischer Werte an eines oder mehrere Eingangssignale des entsprechenden Gatters. Da mit jeder dieser Wertzuweisungen ein neuer Knoten im Entscheidungsbaum entsteht, wird die Zahl der Knoten im Entscheidungsbaum unverhältnismäßig groß. Dies wiederum kann eine nicht mehr bewältigbare Anzahl von *Backtrackings* nach sich ziehen [Goel81a]. Aus diesem Grund lassen der FAN-Algorithmus [Fuji83] und der deterministische Testmustergenerierungsalgorithmus in SOCRATES [Schu87b, Schu88] die Entstehung neuer Knoten im Entscheidungsbaum nur an *Head Lines* und unter gewissen Bedingungen auch an Fanout-Stämmen zu. Als Folge dieser Einschränkung müssen die Anforderungen, bestimmte Signale auf einen gewünschten logischen Wert einzustellen, ausgehend von den *Unjustified Bound Lines* und dem Nachfolger der Signale in der D-Front, der für die weitere Fortpflanzung der Effekte des Zielfehlers in Richtung der Schaltungseingänge ausgewählt wurde, zu den *Head Lines* bzw. zu Fanout-Stämmen auf einer niedrigeren Schaltungsebene zurückgeführt werden. Dazu werden sogenannte **Objectives** (Werteinstellungsziele) verwendet, die in Anlehnung an [Fuji83] als geordnete Tripel der Form

$$(s , n_0(s) , n_1(s)) \tag{4.40}$$

definiert sind. Dabei bezeichnet s das Signal, an dem das *Objective* vorliegt, und $n_0(s)$ bzw. $n_1(s)$ gibt die Häufigkeit wieder, wie oft die Anforderung (*requirement*) auftritt, daß das Signal s den logischen Wert 0 bzw. 1 annehmen soll.

4.3.4.3. Die Menge der initialen Objectives

Die *Multiple Backtrace* Prozedur pflanzt gleichzeitig mehrere *Objectives* entlang mehreren Pfaden in Richtung der Schaltungseingänge fort. Ihr Ausgangspunkt dabei ist die Menge der initialen *Objectives* V_{io}, die entsprechend folgender Vorschrift gebildet wird:

- Vorschrift zur Erstellung der Menge der initialen *Objectives*:
  Zunächst wird die Menge der initialen *Objectives* gleich der leeren Menge gesetzt, d.h.

  $$V_{io} = \emptyset. \tag{4.41}$$

  Es sei s eine *Unjustified Bound Line*, d.h. $s \in V_{ul} \cap V_{bl}$, und v_s sei derjenige logische Wert, den es im fehlerfreien Schaltungsmodell am Signal s sicherzustellen gilt. Falls $v_s = 0$ bzw. $v_s = 1$, wird der Menge V_{io} ein *Objective* entsprechend

  $$V_{io} = V_{io} \cup \{(s,1,0)\} \tag{4.42a}$$

  bzw.

  $$V_{io} = V_{io} \cup \{(s,0,1)\} \tag{4.42b}$$

  hinzugefügt.

  Darüber hinaus sei unter der Voraussetzung, daß $V_D \cap V_O = \emptyset$, Signal t derjenige Nachfolger eines in der D-Front enthaltenen Signals, der mit Hilfe der verwendeten Testbarkeitsmaße als günstigster für die weitere Fortpflanzung der Effekte des Zielfehlers in Richtung der Schaltungsausgänge ausgewählt wurde. Das Signal t möge das Ausgangssignal des Gatters g_t darstellen. Entsprechend dem Typ des Gatters g_t möge v_t einen festen logischen Wert bezeichnen, der am Gatterausgangssignal t nur dann eingestellt werden kann, wenn alle Eingangssignale von g_t nichtdominante (sensibilisierende) Werte bezüglich g_t annehmen (z.B. $v_t = 1$, falls g_t ein AND-Gatter ist, $v_t = 0$ oder $v_t = 1$, falls g_t ein XOR-Gatter ist). Falls $v_t = 0$ bzw. $v_t = 1$, wird die Menge V_{io} um ein *Objective* gemäß

$$V_{io} = V_{io} \cup \{(t,1,0)\} \tag{4.43a}$$

bzw.

$$V_{io} = V_{io} \cup \{(t,0,1)\} \tag{4.43b}$$

erweitert.

4.3.4.4. Rückwärtsfortpflanzung der Objectives

Ausgehend von der Menge der initialen *Objectives* V_{io} werden die *Objectives* in Richtung der Schaltungseingänge zu den *Head Lines* bzw. zu Fanout-Stämmen mit einer niedrigeren Schaltungsebene zurückgeführt, da vereinbarungsgemäß nur an diesen Signalen explizite Wertzuweisungen vorgenommen werden dürfen. Im Rahmen dieser Zurückführung der *Objectives* müssen insbesondere *Objectives* von Gatterausgängen zu Gattereingängen und von Fanout-Zweigen zu Fanout-Stämmen fortgepflanzt werden. Dies wird entsprechend den folgenden Regeln durchgeführt:

- Regel zur *Objective*-Fortpflanzung von Gatterausgängen zu Gattereingängen:
  Es sei y das Ausgangssignal eines beliebigen Gatters g. Am Signal y möge das *Objective* $(y, n_0(y), n_1(y))$ vorliegen. Ferner sei $\{x_1, x_2, \ldots, x_n\}$ die Menge der Vorgänger des Signals y im Graphen G_π, die im gegenwärtigen Belegungszustand der Schaltung den logischen Wert X besitzen.
  - Falls das Gatter g ein AND-, NAND-, OR- oder NOR-Gatter darstellt, wird dasjenige Gattereingangssignal $x_k \in \{x_1, x_2, \ldots, x_n\}$ bestimmt, das den verwendeten Testbarkeitsmaßen zufolge am leichtesten auf den dem Gatter g zugeordneten eindeutigen dominanten Wert $v \in \{0,1\}$ eingestellt werden kann. Im Falle, daß g ein BUF- oder INV-Gatter verkörpert, möge x_k das einzige Eingangssignal von g bezeichnen. Mit p sei die Negationseigenschaft von g ausgedrückt, d.h. $p = 0$, falls g ein nichtnegierendes Gatter ist, und $p = 1$, falls g ein negierendes Gatter ist.

Dann führt das am Gatterausgangssignal y vorliegende *Objective* $(y, n_0(y), n_1(y))$ am Signal x_k zur Entstehung des *Objectives*

$$(x_k , n_0(x_k) , n_1(x_k)), \tag{4.44a}$$

wobei $n_0(x_k)$ und $n_1(x_k)$ entsprechend

$$n_0(x_k) = \overline{p} \cdot n_0(y) + p \cdot n_1(y) \tag{4.44b}$$

bzw.

$$n_1(x_k) = p \cdot n_0(y) + \overline{p} \cdot n_1(y) \tag{4.44c}$$

berechnet werden. Für AND-, NAND-, OR- und NOR-Gatter entsteht an allen übrigen Signalen x_i $(i = 1, 2, ..., n; i \neq k)$ jeweils das *Objective*

$$(x_i , n_0(x_i) , n_1(x_i)), \tag{4.45a}$$

wobei $n_0(x_i)$ und $n_1(x_i)$ folgendermaßen bestimmt werden:

$$n_0(x_i) = v \cdot \left[\overline{p} \cdot n_0(y) + p \cdot n_1(y) \right] = v \cdot n_0(x_k) \tag{4.45b}$$

$$n_1(x_i) = \overline{v} \cdot \left[p \cdot n_0(y) + \overline{p} \cdot n_1(y) \right] = \overline{v} \cdot n_1(x_k). \tag{4.45c}$$

- Falls das Gatter g ein XOR- oder XNOR-Gatter darstellt und somit keinen dominanten logischen Wert besitzt, wird überprüft, welche Kombination von Wertzuweisungen an die Signale x_1, x_2, ..., x_n den verwendeten Testbarkeitsmaßen zufolge jeweils die günstigste ist, um die logischen Werte 0 und 1 am Signal y einzustellen. Entsprechend den Ergebnissen dieser Überprüfung führt das am Gatterausgangssignal y vorliegende *Objective* dann zur Entstehung neuer *Objectives* an den Eingangssignalen von g.

Die Bilder 4.16 und 4.17 veranschaulichen die Rückwärtsfortpflanzung der *Objectives* von Gatterausgängen zu Gattereingängen. Für ein AND-Gatter (Bild 4.16) gilt $v = 0$ und $p = 0$. Unter der Voraussetzung, daß sämtliche Eingangssignale x_1, x_2, ..., x_k, ..., x_n im gegenwärtigen Belegungszustand den logischen Wert X besitzen, ergibt sich entsprechend (4.44) und (4.45) am Signal x_k das *Objective* $(x_k, n_0(y), n_1(y))$ und an allen übrigen Signalen x_i jeweils das *Objective* $(x_i, 0, n_1(y))$ ($i = 1, 2, \ldots, n$; $i \neq k$).

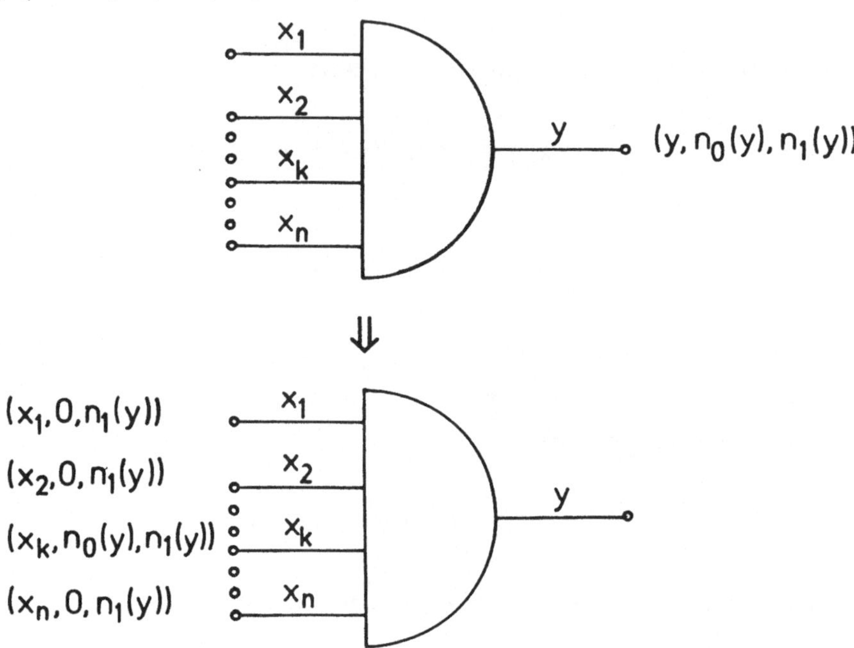

Bild 4.16: Rückwärtsfortpflanzung der *Objectives* über AND-Gatter

Bild 4.17 zeigt die Prozedur zur Rückwärtsfortpflanzung eines *Objectives* über ein XOR-Gatter mit den beiden Eingangssignalen x_1 und x_2, die wiederum beide mit dem logischen Wert X belegt sein sollen. Da ein XOR-Gatter keinen dominanten logischen Wert besitzt, muß überprüft werden, welche Kombination von Wertzuweisungen an x_1 und x_2 den verwendeten Testbarkeitsmaßen zufolge jeweils die günstigste ist, um die logischen Werte 0 und 1 am Ausgangssignal des Gatters einzustellen. Dies ist im Bild 4.17 durch „Kosten $(x_1 = 0, x_2 = 0)$", „Kosten $(x_1 = 0, x_2 = 1)$", usw. angedeutet. Die am Gatterausgangssignal y vorliegenden Anforderungen werden dann entsprechend den Ergebnissen dieser Überprüfung an die Gattereingangssignale x_1 und x_2 weitergeleitet.

```
Objective_ Fortpflanzung_ XOR ( y,n0(y),n1(y) )
{
   c00 = Kosten ( x1=0 , x2=0 )
   c01 = Kosten ( x1=0 , x2=1 )
   c10 = Kosten ( x1=1 , x2=0 )
   c11 = Kosten ( x1=1 , x2=1 )
   Falls ( c00 < c11 ) dann
   {
      n0(x1) = n0(y)
      n0(x2) = n0(y)
   }
   ansonsten
   {
      n1(x1) = n0(y)
      n1(x2) = n0(y)
   }
   Falls ( c01 < c10 ) dann
   {
      n0(x1) = n0(x1) + n1(y)
      n1(x2) = n1(x2) + n1(y)
   }
   ansonsten
   {
      n1(x1) = n1(x1) + n1(y)
      n0(x2) = n0(x2) + n1(y)
   }
}
```

Bild 4.17: Prozedur zur Rückwärtsfortpflanzung der *Objectives* über XOR-Gatter

- Regel zur *Objective*-Fortpflanzung von Fanout-Zweigen zu Fanout-Stämmen:
  Es sei x ein Fanout-Stamm mit seinen zugehörigen Fanout-Zweigen x_1, x_2, ..., x_n, an denen die *Objectives* $(x_i,n_0(x_i),n_1(x_i))$ (i = 1, 2, ..., n) vorliegen mögen.
  Dann entsteht am Fanout-Stamm x das *Objective*

$$(x , n_0(x) , n_1(x)), \qquad (4.46a)$$

wobei sich $n_0(x)$ und $n_1(x)$ aus der Addition der entsprechenden Anforderungen an allen Fanout-Zweigen ergeben, d.h.

$$n_0(x) = \sum_{i=1}^{i=n} n_0(x_i) \qquad n_1(x) = \sum_{i=1}^{i=n} n_1(x_i). \qquad (4.46b)$$

Bild 4.18 illustriert die Fortpflanzung der *Objectives* in Richtung der Schaltungseingänge anhand eines Ausschnittes aus einer größeren Schaltung. Die Ausgangssituation der *Multiple Backtrace* Prozedur bestand dabei aus den beiden Anforderungen, das Signal q auf den logischen Wert 1 und das Signal r auf den logischen Wert 0 einzustellen, d.h. $V_{io} = \{ (q,0,1),(r,1,0) \}$. Die übrigen eingezeichneten *Objectives* entstehen durch die Rückwärtsfortpflanzung unter Anwendung der oben beschriebenen Regeln, wobei die einzelnen Signale, an denen *Objectives* auftreten, ebenenweise im Sinne einer *Breadth-First*-Vorgehensweise abgearbeitet werden. Am Fanout-Stamm h ergibt sich $n_1(h)$ aus der Addition von $n_1(h_1)$ und $n_1(h_2)$.

4.3.4.5. Bestimmung eines Signals zur Durchführung einer optionalen Wertzuweisung

Zur Bestimmung eines Signals für die Durchführung einer optionalen Wertzuweisung werden zusätzlich zur Menge der initialen *Objectives* V_{io} die Menge der aktuellen *Objectives* V_{ao}, die Menge der Fanout-*Objectives* V_{fo} und die Menge der *Head Objectives* V_{ho} eingeführt

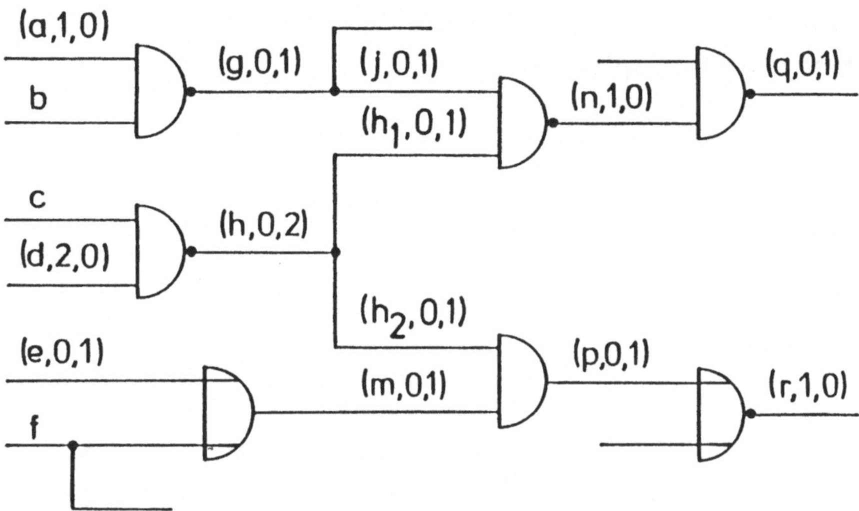

Bild 4.18: Rückwärtsfortpflanzung der *Objectives* in Richtung der Schaltungseingänge; *Breadth-First*-Vorgehensweise

[Fuji83]. Zu Beginn der Rückwärtsfortpflanzung der *Objectives* werden die einzelnen *Objective*-Mengen folgendermaßen initialisiert:

$$V_{ao} = V_{io} \tag{4.47a}$$

$$V_{fo} = V_{ho} = \emptyset. \tag{4.47b}$$

Anschließend werden die Elemente der Menge V_{ao} nacheinander aus dieser entnommen und unter Anwendung der im vorausgehenden Kapitel beschriebenen Regeln der *Objective*-Fortpflanzung in Richtung der Schaltungseingänge weitergeleitet. Die dabei neu entstehenden *Objectives* werden entsprechend der strukturellen Eigenschaft des Signals, an dem sie auftreten, einer der Mengen V_{fo}, V_{ho} oder V_{ao} hinzugefügt. Dies bedeutet , daß *Objectives* an Fanout-Stämmen in die Menge V_{fo}, *Objectives* an *Head Lines*, die keine Fanout-Stämme sind, in die Menge V_{ho} und *Objectives* an Signalen, die weder Fanout-Stämme noch *Head Lines* sind, wiederum in die Menge V_{ao} aufgenommen werden. Dieser Prozeß wird solange fortgesetzt, bis die Menge der aktuellen *Objectives* V_{ao} **zum ersten Mal leer** ist und alle existierenden *Objectives* Fanout-Stämmen oder *Head Lines* zugeordnet sind.

Im nächsten Schritt wird überprüft, ob in der Menge V_{fo} ein *Objective* enthalten ist, dessen zugehöriges Signal f auf keinem potentiellen Fehlereffektausbreitungspfad liegt, d.h.

$$\underset{x \in V_D}{\forall} \; \neg \underset{\substack{P \in \\ V_{P(x,\ldots,f)}}}{\exists} \; (\text{ P ist pot. FEA-Pfad }), \tag{4.48}$$

und für das

$$n_0(f) > 0 \;\wedge\; n_1(f) > 0 \tag{4.49}$$

gilt [Fuji83, Fuji85b]. Existiert ein Fanout-*Objective*, das die Bedingungen (4.48) und (4.49) erfüllt, so wird es aus der Menge V_{fo} entfernt, das Signal f für die sofortige Durchführung einer optionalen Wertzuweisung vorgemerkt und die Rückwärtsfortpflanzung der *Objectives* vorläufig beendet, d.h. die *Multiple Backtrace* Prozedur verlassen.

Falls dagegen kein solches *Objective* in der Menge V_{fo} vorhanden ist oder bereits alle zum Zweck der Durchführung einer optionalen Wertzuweisung aus ihr entnommen worden sind, werden im weiteren Verlauf der Rückwärtsfortpflanzung der *Objectives* nur noch die *Head Lines* als Kandidaten für eine optionale Wertzuweisung in Betracht gezogen. Alle in der Menge V_{fo} enthaltenen *Objectives* werden mittels der im Bild 4.18 angedeuteten *Breadth-First*-Vorgehensweise bis zu den *Head Lines* zurückgeführt, wobei *Objectives* an Fanout-Stämmen, die gleichzeitig auch *Head Lines* darstellen, von der Menge V_{fo} in die Menge V_{ho} übertragen werden. Sobald alle *Objectives* die *Head Lines* erreicht haben, wird dasjenige *Head Objective* $(h, n_0(h), n_1(h)) \in V_{ho}$ bestimmt, für das die Summe der 0- und 1-Anforderungen, d.h. $n_0(h) + n_1(h)$ am größten ist. Dieses *Objective* wird aus der Menge V_{ho} entnommen, das zugehörige Signal h wiederum für die sofortige Durchführung einer optionalen Wertzuweisung vorgemerkt und die *Multiple Backtrace* Prozedur bis auf weiteres verlassen.

4.3.4.6. Aufbau des Entscheidungsbaums

4.3.4.6.1. Durchführung der optionalen Wertzuweisungen

Die Durchführung der optionalen Wertzuweisungen an die Signale, die von der *Multiple Backtrace* Prozedur ausgewählt bzw. bestimmt worden sind, erfolgt mittels der im Bild 4.19 dargestellten Prozedur *Erfülle_ Objective.* Anhand des ihr übergebenen *Objectives* $(s, n_0(s), n_1(s))$ entscheidet sie, welcher logische Wert dem Signal s zugewiesen wird, und sorgt gleichzeitig für die Erzeugung eines neuen Knotens im Entscheidungsbaum, der entsprechend der ausgeführten Wertzuweisung mit „s = 0" bzw. „s = 1" gekennzeichnet wird.

```
Erfülle_ Objective ( s,n0(s),n1(s) )
{
    Falls ( n0(s) > n1(s) oder
            n0(s) = n1(s) und Kosten(s=0) < Kosten(s=1) ) dann
    {
        s = 0
        Erzeuge_ Entscheidungsbaum_ Knoten ( „s = 0" )
    }
    ansonsten
    {
        s = 1
        Erzeuge_ Entscheidungsbaum_ Knoten ( „s = 1" )
    }
}
```

Bild 4.19: Prozedur zur Erfüllung der *Objectives*

4.3.4.6.2. Steuermechanismen und Heuristika

Die von der *Multiple Backtrace* Prozedur verwendeten Steuermechanismen sind vielfältiger und teilweise heuristischer Natur. Zunächst werden, wie im Kapitel 4.3.4.4 beschrieben, Testbarkeitsmaße zur Steuerung der Rückwärtsfortpflanzung der *Objectives* eingesetzt. Besondere Bedeutung bezüglich der Vollständigkeit des deterministischen Testmustergenerierungsalgorithmus besitzt das Kriterium (4.48), dessen Erfüllung eine Voraussetzung für die Durchführung einer optionalen Wertzuweisung an einen Fanout-Stamm darstellt. Die Gründe hierfür sind, daß im Entscheidungsbaum nur *Backtracking* vom logischen Wert 0 zum logischen Wert 1 bzw. vom logischen Wert 1 zum logischen Wert 0 vorgenommen wird und daß nur für diejenigen Signale, die auf keinem potentiellen Fehlereffektausbreitungspfad liegen, sichergestellt ist, daß sie einen festen und keinen fehlerleitenden logischen Wert annehmen. Im Falle, daß das Kriterium (4.48) verletzt ist, bestünde die Gefahr, durch die Zuweisung eines festen logischen Wertes an einen Fanout-Stamm Teile des Suchraums von der Suche nach einer Lösung auszuschließen. Damit würde der deterministische Testmustergenerierungsalgorithmus die Eigenschaft der Vollständigkeit (Kapitel 4.2.2) verlieren und folglich nicht mehr die Durchführung einer systematischen Suche [Pear84] gewährleisten. Darüber hinaus sei noch darauf hingewiesen, daß die Verwendung des Kriteriums (4.48) insbesondere die Testmustergenerierung für diejenigen Fehler unterstützt, zu deren Erkennung eine Mehrfachpfadsensibilisierung unabdinglich ist.

Die Bedingung (4.49), die ebenfalls erfüllt sein muß, damit ein Fanout-Stamm für die Durchführung einer optionalen Wertzuweisung ausgewählt wird, basiert auf der (heuristischen) Annahme, daß die Zuweisung eines festen logischen Wertes an einen Fanout-Stamm dann mit hoher Wahrscheinlichkeit zu einer widersprüchlichen Wertzuweisung führt, wenn gleichzeitig beide Anforderungen existieren, daß er den Wert 0 bzw. 1 annehmen soll. Um diese widersprüchliche Wertzuweisung ggfs. möglichst schnell zu erkennen (Kapitel 4.1.3), wird dem Fanout-Stamm sofort ein fester logischer Wert mittels der Prozedur *Erfülle_ Objective* (Bild 4.19) zugewiesen [Fuji83]. Die weitere Verschiebung der Wertzuweisung an den Fanout-Stamm auf einen späteren Zeitpunkt der deterministischen Testmustergenerierung würde die Gefahr in sich bergen, daß sich der Testmustergenerierungsalgorithmus in der Zwischenzeit tief in einem unerkannten Nichtlösungsgebiet des Entscheidungsbaums verzettelt, welches nur durch die Ausführung einer großen Anzahl von *Backtrackings* und unter erheblichem Rechenzeitaufwand wieder verlassen werden könnte.

Einen weitereren wichtigen Gesichtspunkt beim Aufbau des Entscheidungsbaums stellt das Bestreben dar, die Zahl der Knoten in diesem so gering wie möglich zu halten. Dies führt ebenso wie die sofortige Ausführung aller lokalen und globalen Implikationen und aller zwingend notwendigen Sensibilisierungsmaßnahmen zur gewünschten Minimierung der Größe der unerkannten Nichtlösungsgebiete und trägt somit zu einer weiteren Verringerung der Zahl der anfallenden *Backtrackings* bei. Besondere Bedeutung kommt in diesem Zusammenhang den *Head Lines* zu. Entsprechend ihrer Definition (Kapitel 2.3.3) weist die Schaltung zwischen ihnen und den Schaltungseingängen Baumstruktur auf. Folglich kann ein beliebiger logischer Wert an jeder *Head Line* unabhängig von den logischen Werten an den übrigen *Head Lines* eingestellt werden, wobei die Entstehung einer widersprüchlichen Wertzuweisung vollkommen ausgeschlossen ist. Unter Ausnutzung dieser Eigenschaft der *Head Lines* nehmen der FAN-Algorithmus [Fuji83] und die deterministischen Testmustergenerierungsalgorithmen in LAMP2 [Abra86] und in SOCRATES [Schu87b, Schu88] die optionalen Wertzuweisungen an den *Head Lines* vor und verschieben die Sicherstellung der den *Head Lines* zugewiesenen Werte auf die abschließende Phase des deterministischen Testmustergenerierungsprozesses. Bild 4.20 veranschaulicht die vorteilhaften Auswirkungen dieser Vorgehensweise auf die Zahl der Knoten im Entscheidungsbaum und die Zahl der ggfs. auszuführenden *Backtrackings*. In der im Bild 4.20a ausschnittsweise dargestellten Schaltung verkörpert das Signal g offensichtlich eine *Head Line*, d.h. $g \in V_{hl}$. Im folgenden soll nun unterstellt werden, daß im Verlauf des deterministischen Testmustergenerierungsprozesses die zu einer widersprüchlichen Wertzuweisung führende Anforderung, daß Signal g den logischen Wert 0 annehmen soll, auftritt. Weiterhin soll vorausgesetzt werden, daß diese widersprüchliche Wertzuweisung erst dann erkannt werden kann, wenn dem Signal g tatsächlich der logischen Wert 0 zugewiesen worden ist.

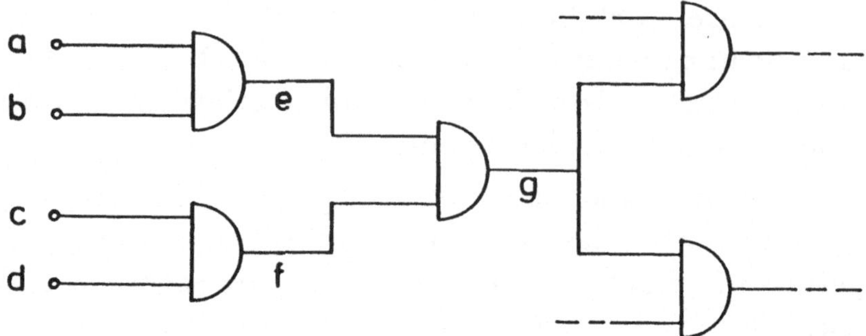

Bild 4.20a

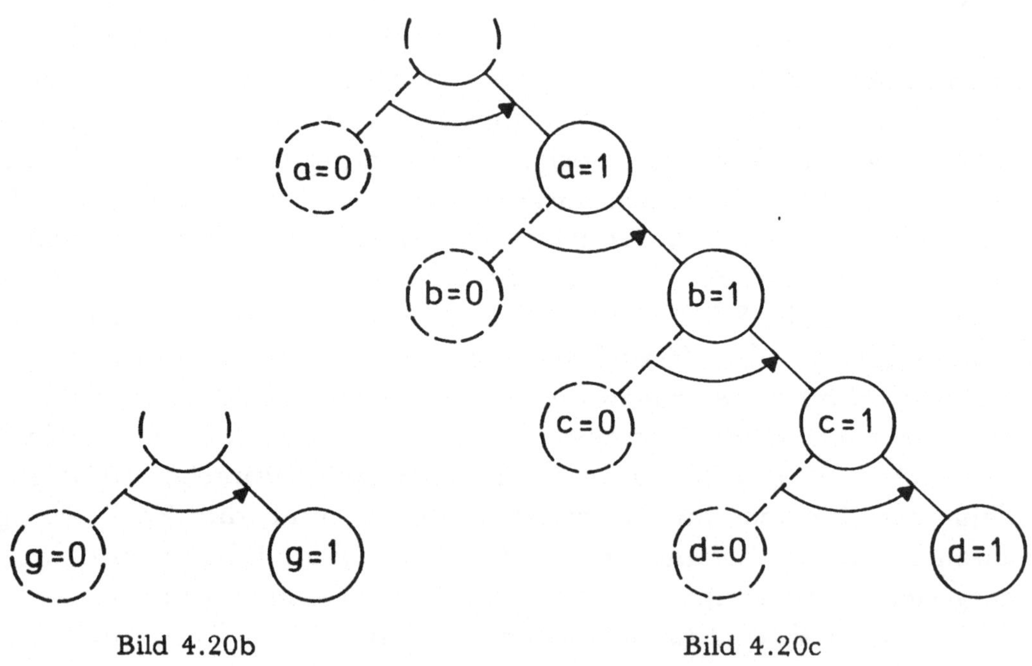

Bild 4.20b

Bild 4.20c

Bild 4.20: Vorteilhafte Auswirkungen der Durchführung der optionalen Wertzuweisungen an den *Head Lines*

Falls die Rückwärtsfortpflanzung der *Objectives* an den *Head Lines* beendet wird, trifft der Testmustergenerierungsalgorithmus die optionale Wertzuweisung $g = 0$. Demzufolge entsteht im Entscheidungsbaum der mit „$g = 0$" gekennzeichnete Knoten (Bild 4.20b). Durch die explizite

Zuweisung des logischen Wertes 0 an das Signal g kann die widersprüchliche Wertzuweisung sofort erkannt und mit einem einzigen *Backtracking* von der Wertzuweisung g = 0 zur Wertzuweisung g = 1 wieder behoben werden.

Falls dagegen die Rückwärtsfortpflanzung der *Objectives* wie beispielsweise in PODEM [Goel81a] bis zu den Schaltungseingängen fortgesetzt würde und die optionalen Wertzuweisungen an diesen vorgenommen würden, entstünde aufgrund der Anforderung, Signal g auf den logischen Wert 0 einzustellen, der im Bild 4.20c dargestellte Teil des Entscheidungsbaums. Bild 4.20c verdeutlicht, daß in diesem Fall vier anstelle eines *Backtrackings* (Bild 4.20b) erforderlich wären, um die widersprüchliche Wertzuweisung zu beheben. Darüber hinaus würde PODEM zur Einstellung des logischen Wertes 1 am Signal g vier Knoten im Entscheidungsbaum erzeugen, wohingegen FAN und die deterministischen Testmustergenerierungsalgorithmen in LAMP2 [Abra86] und in SOCRATES [Schu87b, Schu88] mit einem einzigen auskommen.

Eine weitere Reduktion der Zahl der Knoten im Entscheidungsbaum wird durch die im Kapitel 4.3.4.5 erläuterte Strategie erreicht, Fanout-Stämme nur dann als Kandidaten für die Durchführung einer optionalen Wertzuweisung zuzulassen, wenn die Menge der aktuellen *Objectives* V_{ao} zum ersten Mal leer geworden ist. Ohne diese Einschränkung bestünde die Möglichkeit, daß an sehr vielen Fanout-Stämmen, die die Bedingungen (4.48) und (4.49) erfüllen, optionale Wertzuweisungen getroffen werden. Dies würde zu einer unverhältnismäßig großen Zahl von Knoten im Entscheidungsbaum führen, wodurch wiederum eine beträchtliche Zahl anfallender *Backtrackings* verursacht werden könnte.

Schließlich zielt auch das Kriterium zur Auswahl einer *Head Line* für die Durchführung einer optionalen Wertzuweisung (Kapitel 4.3.4.5) auf eine Minimierung der Zahl der Knoten im Entscheidungsbaum. Dabei wird die heuristische Annahme zugrunde gelegt, daß um so mehr initiale *Objectives* mit einer einzigen Wertzuweisung an eine *Head Line* und den sich daraus ergebenden Implikationen erfüllt werden können, je größer die Summe der an dieser *Head Line* vorliegenden 0- und 1-Anforderungen ist.

4.3.4.7. Wiederaufruf der Multiple Backtrace Prozedur

Während die *Multiple Backtrace* Prozedur beim ersten Aufruf im Rahmen der deterministischen Testmustergenerierung für den vorgegebenen Zielfehler immer von der Menge der initialen *Objectives* V_{io} ausgeht, besitzt sie für jeden Wiederaufruf zwei Eintrittspunkte. Zum einen besteht die Möglichkeit, die Rückwärtsfortpflanzung der *Objectives* mit der Bestimmung eines Signals für eine optionale Wertzuweisung an der Stelle fortzusetzen, an der die *Multiple Backtrace* Prozedur bei ihrem vorausgehenden Aufruf verlassen worden ist. Dies bedeutet, daß entweder aus der Menge V_{fo} das nächste die Bedingungen (4.48) und (4.49) erfüllende Fanout-*Objective* oder aus der Menge V_{ho} das nächste *Head Objective* mit der größten Summe der 0- und 1-Anforderungen ausgewählt wird und der Prozedur *Erfülle_ Objective* zur Durchführung einer optionalen Wertzuweisung übergeben wird. Zum anderen kann die Rückwärtsfortpflanzung der *Objectives* neu aufgesetzt werden, indem die Menge der initialen *Objectives* gemäß den im Kapitel 4.3.4.3 beschriebenen Regeln bestimmt wird und die Menge der aktuellen *Objectives* gleich der Menge der initialen *Objectives* gesetzt wird (Gl. (4.47a)). Damit verbunden ist insbesondere, daß Fanout-Stämme nun wieder als Kandidaten für optionale Wertzuweisungen in Frage kommen, wenn die Menge V_{ao} zum nächsten Mal leer wird.

Die Häufigkeit des Neuaufsetzens der *Objective*-Fortpflanzung auf der Menge V_{io} beeinflußt sowohl die zur deterministischen Testmustergenerierung benötigte Rechenzeit als auch die Zahlen der auftretenden *Backtrackings* und *Aborted Faults*. Je öfter die *Multiple Backtrace* Prozedur die Menge der initialen *Objectives* aktuell ermittelt und die *Objective*-Fortpflanzung ausgehend von dieser neu beginnt, desto genauer spiegeln die existierenden *Objectives* die in der Schaltung vorliegende Belegungssituation und die bestehenden Anforderungen in Form der *Unjustified Bound Lines* und der weiteren Fortpflanzung der Effekte des Zielfehlers in Richtung der Schaltungsausgänge wider. Daraus ergeben sich in der Regel Einsparungen in der Zahl der anfallenden *Backtrackings* sowie eine geringere Anzahl von *Aborted Faults*. Andererseits erfordert jede Neubildung der Menge V_{io} in Verbindung mit der anschließend durchzuführenden Rückwärtsfortpflanzung der *Objectives* wesentlich mehr Rechenoperationen, als wenn die Bestimmung eines Signals für eine optionale Wertzuweisung wiederum auf der Menge V_{fo} bzw. V_{ho} aufgesetzt wird. Dies schlägt sich in einem Anstieg der zur Testmustergenerierung notwendigen Rechenzeit nieder.

Das angestrebte Ziel, sowohl den erforderlichen Rechenzeitaufwand als auch die Zahlen der auftretenden *Backtrackings* und der *Aborted Faults* weitestgehend zu reduzieren, läßt sich dadurch erreichen, daß die *Multiple Backtrace* Prozedur immer dann von neuem auf der Menge der initialen *Objectives* aufsetzt, wenn eine der drei nachstehend aufgeführten Bedingungen erfüllt ist.

(1) Zwischen dem vorausgehenden und dem gegenwärtigen Aufruf der *Multiple Backtrace* Prozedur ist *Backtracking* durchgeführt worden.

(2) Durch die Durchführung einer optionalen Wertzuweisung und der sich daraus ergebenden Implikationen und zwingend notwendigen Sensibilisierungsmaßnahmen hat sich die D-Front verändert, so daß entweder
   - eine neue Möglichkeit für die Fortpflanzung der Effekte des Zielfehlers in Richtung der Schaltungsausgänge geschaffen wurde, die von den verwendeten Testbarkeitsmaßen günstiger als alle bisher vorhandenen Fortpflanzungsmöglichkeiten bewertet wird, oder
   - diejenige Fortpflanzungsmöglichkeit zerstört wurde, die bei der zuletzt durchgeführten Bestimmung der Menge V_{io} entsprechend (4.43) in dieser berücksichtigt wurde.

(3) Vor dem vorausgehenden Aufruf der *Multiple Backtrace* Prozedur war $V_{ul} \cap V_{bl} = \emptyset$ und durch die inzwischen vorgenommenen Wertzuweisungen ist eine neue *Unjustified Bound Line* entstanden, so daß nunmehr $V_{ul} \cap V_{bl} \neq \emptyset$ gilt.

4.4. Das automatische Testmustergenerierungssystem SOCRATES

Das Gerüst des automatischen Testmustergenerierungssystems SOCRATES [Schu87b, Schu88] bilden der im vorausgehenden Kapitel 4.3 beschriebene deterministische Testmustergenerierungsalgorithmus und der im Kapitel 3 vorgestellte Algorithmus zur schnellen Fehlersimulation (Verfahren 2). Darüber hinaus enthält SOCRATES eine Vielzahl zusätzlicher Verfahren und Strategien, die zu einer effizienten Durchführung der Testmustergenerierung und zu einer weiteren Verbesserung der Qualität der erzeugten Testsätze wesentlich beitragen. Bild 4.21 veranschaulicht den prinzipiellen Ablauf der automatischen Testmustergenerierung mit SOCRATES anhand eines Systemablaufplans. Im folgenden werden die Systemstruktur und die wichtigsten von SOCRATES ausgeführten Verfahrensschritte kurz dargelegt.

4.4.1. Erstellen der Zielfehlerliste

Nachdem die Beschreibung der Schaltung, für die ein Testsatz generiert werden soll, eingelesen worden ist, wird die Liste der im Rahmen der Testmustergenerierung zu berücksichtigenden Fehler (Zielfehlerliste) erstellt. Dabei werden die Äquivalenzbeziehungen, die zwischen den verschiedenen, in der Schaltung modellierten Fehlern existieren, teilweise zur Reduzierung des Umfangs der Zielfehlerliste ausgenutzt. Bekanntlich sind z.B. für ein AND-Gatter die *stuck-at-0*-Fehler an sämtlichen Gattereingängen und der *stuck-at-0*-Fehler am Gatterausgang äquivalent, da sie alle vom gleichen Testmuster erkannt werden. Demzufolge reicht es aus, einen dieser Fehler stellvertretend für alle anderen in die Zielfehlerliste einzutragen. Die in SOCRATES zur Erstellung der Zielfehlerliste verwendete Regel sieht vor, daß

- für die Eingänge von AND- und NAND-Gattern nur die *stuck-at-1*-Fehler,
- für die Eingänge von OR- und NOR-Gattern nur die *stuck-at-0*-Fehler und
- für die Eingänge von XOR- und XNOR-Gattern, für die Fanout-Stämme und für die Schaltungsausgänge sowohl die *stuck-at-1*- als auch die *stuck-at-0*-Fehler

in die Zielfehlerliste aufgenommen werden. Diese einfache Regel entspricht natürlich nicht der vollständigen Bestimmung der Fehleräquivalenzklassen, die i.a. zwar eine geringere Zahl zu betrachtender Fehler liefern würde, jedoch mit erheblich höherem Rechenzeitaufwand verbunden wäre. Da nach jedem Generierungsschritt ohnehin mit Hilfe des Fehlersimulators festgestellt wird, welche Fehler vom erzeugten Testmuster bzw. von den erzeugten Testmustern erkannt werden, besteht nicht die Notwendigkeit, die Zielfehlerliste auf den kleinstmöglichen Umfang zu reduzieren. Vor diesem Hintergrund bietet die beschriebene Regel die willkommene Möglichkeit, mit vernachlässigbarem Aufwand einen Großteil der bestehenden Äquivalenzbeziehungen zu erkennen und damit die Zahl der in die Zielfehlerliste aufzunehmenden Fehler deutlich zu verringern.

4.4.2. Preprocessing Phase

Im Rahmen der *Preprocessing* Phase wird die Lernprozedur ausgeführt und die Analyse der Schaltungsstruktur vorgenommen. Mit Hilfe der Lernprozedur werden die im Kapitel 4.3.2.2 beschriebenen globalen Implikationen identifiziert und gespeichert. Die Analyse der Schaltungsstruktur dient der Klassifizierung der Signale in *Free Lines*, *Head Lines* und *Bound Lines* sowie der Bestimmung der unabhängigen Fanout-Zweige und der Dominanzbeziehungen. Letztere werden sowohl vom deterministischen Testmustergenerator als auch vom Fehlersimulator ausgenutzt, wobei für den Fehlersimulator speziell die Dominanzbeziehungen zwischen den Fanout-Stämmen von Interesse sind.

4.4.3. Testbarkeitsabschätzung

Im Anschluß an die *Preprocessing* Phase folgt eine Testbarkeitsabschätzung, die Aussagen über die Zufallsmustertestbarkeit der vorliegenden Schaltung liefert. Ihr liegt das Konzept zugrunde, mit Hilfe stochastischer Testbarkeitsanalyseverfahren wie z.B. COP [Brgl83] oder PROTEST [Wund85] für jeden in der Schaltung modellierten Fehler die Wahrscheinlichkeit, daß er von einem an den Schaltungseingängen anliegenden Zufallsmuster erkannt wird, zu berechnen. Diese Wahrscheinlichkeiten werden als Fehlerentdeckungswahrscheinlichkeiten bezeichnet. Benennt man die Fehlerentdeckungswahrscheinlichkeit eines beliebigen Fehlers f mit pd(f), so drückt $1-(1-pd(f))^N$ die Wahrscheinlichkeit aus, daß f mit N unabhängigen Zufallsmustern entdeckt wird. Darauf aufbauend kann ein Schätzwert $\tilde{\gamma}$ für den mit N Zufallsmustern erreichbaren Fehlerüberdeckungsgrad entsprechend

$$\tilde{\gamma} = \frac{1}{F} \cdot \sum_{i=1}^{i=F} \left[1 - (1 - pd(f))^N \right] = $$
$$= 1 - \frac{1}{F} \cdot \sum_{i=1}^{i=F} \left[1 - pd(f) \right]^N \qquad (4.50)$$

berechnet werden [Brgl83], wobei F die Gesamtzahl der in der Schaltung modellierten Ständigfehler darstellt. Durch Umformen von Gl. (4.50) erhält man die Möglichkeit, für einen vorgegebenen Wert des Fehlerüberdeckungsgrades γ einen Schätzwert für die Zahl der Zufallsmuster zu bestimmen, die an die Schaltung angelegt werden müssen, um γ zu erzielen. Dieser Schätzwert sei mit $\tilde{N}$ bezeichnet.

$$\sum_{i=1}^{i=F} \left[1 - pd(f) \right]^{\tilde{N}} = F \cdot (1 - \gamma) \qquad (4.51)$$

Zur Berechnung des Schätzwertes $\tilde{N}$ muß die nichtlineare Gl. (4.51) gelöst werden, was iterativ mittels numerischer Verfahren (z.B. Intervallhalbierung, Newton-Raphson) geschehen kann.

Natürlich beeinflussen die Genauigkeiten der Testbarkeitsmaße und der Fehlerentdeckungswahrscheinlichkeiten, die mit Hilfe der Testbarkeitsmaße ermittelt werden, die Qualität der von der Testbarkeitsabschätzung gelieferten Ergebnisse. In SOCRATES basiert die Testbarkeitsabschätzung auf den COP-Testbarkeitsmaßen [Brgl83], die zwar weniger exakt als beispielsweise die von PROTEST [Wund85] bereitgestellten Maßzahlen sind, sich aber mit wesentlich geringerem Rechenzeitaufwand bestimmen lassen. Zudem hat die Erfahrung gezeigt, daß die Testbarkeitsabschätzung durchweg gute Näherungswerte für die zur Erzielung von γ erforderliche Zahl von Zufallsmustern liefert und der aus der Verwendung der COP-Testbarkeitsmaße entstehende Genauigkeitsverlust somit relativ unbedeutend ist.

Die Testbarkeitsabschätzung in SOCRATES berechnet Schätzwerte für die Zahlen der Zufallsmuster, die jeweils an die Schaltungseingänge anzulegen sind, um einen Fehlerüberdeckungsgrad von 80 %, 90 %,

95 % und 98 % zu erreichen. Dadurch soll dem Benutzer die Entscheidung erleichert werden, ob er eine Zufallsmustergenerierung durchzuführen wünscht oder nicht.

4.4.4. Zweiphasige Testmustergenerierung

SOCRATES führt die automatische Testmustergenerierung in zwei Phasen durch, wobei in der ersten Phase ein Zufallsmustergenerator und in der zweiten Phase der im Kapitel 4.3 beschriebene deterministische Testmustergenerierungsalgorithmus eingesetzt wird. Für spezielle Anwendungen oder im Falle, daß die vorausgehende Testbarkeitsabschätzung auf eine schlechte Zufallsmustertestbarkeit der Schaltung hindeutet, kann die erste Phase übersprungen und sofort mit der deterministischen Testmustergenerierung begonnen werden.

Die Gründe, der Zufallsmustergenerierung als Testmustergenerierungsverfahren für die erste Phase den Vorzug vor anderen möglichen Verfahren wie beispielsweise RAPS [Goel78] oder SMART [Abra85b, Abra86] zu geben, ergeben sich zunächst aus der Tatsache, daß die Zufallsmustergenerierung sehr einfach und rechenzeitsparend durchgeführt werden kann. Darüber hinaus besitzt der verwendete Fehlersimulationsalgorithmus die Fähigkeit, eine der binären Maschinenwortlänge entsprechende Zahl von Eingangsbelegungen parallel zu bewerten, so daß die Zufallsmuster im Falle eines 32-Bit Rechners (z.B. Micro-VAX, APOLLO DN 3000 Workstation) in Portionen von je 32 Mustern erzeugt und simuliert werden können. Da sowohl RAPS als auch SMART jeweils ein Testmuster generieren und die aus der Fehlersimulation dieses Testmusters gewonnene Information zur Generierung des nächsten benötigen, könnte bei ihrer Verwendung diese vorteilhafte Eigenschaft des Fehlersimulators nicht ausgenutzt werden.

Ein charakteristisches Merkmal der Zufallsmustergenerierung besteht bekanntlich darin, daß in den meisten praktischen Anwendungen mit einer verhältnismäßig geringen Anzahl von Zufallsmustern ein Fehlerüberdeckungsgrad erreicht wird, der typischerweise im Bereich zwischen 70 % und 90 % liegt. Er ist damit hoch genug, um den im Bild 3.11 dargestellten deutlichen Rückgang der Rechenzeit zu gewährleisten, die für die Fehlersimulation eines Zufallsmusters benötigt wird. Die Nach-

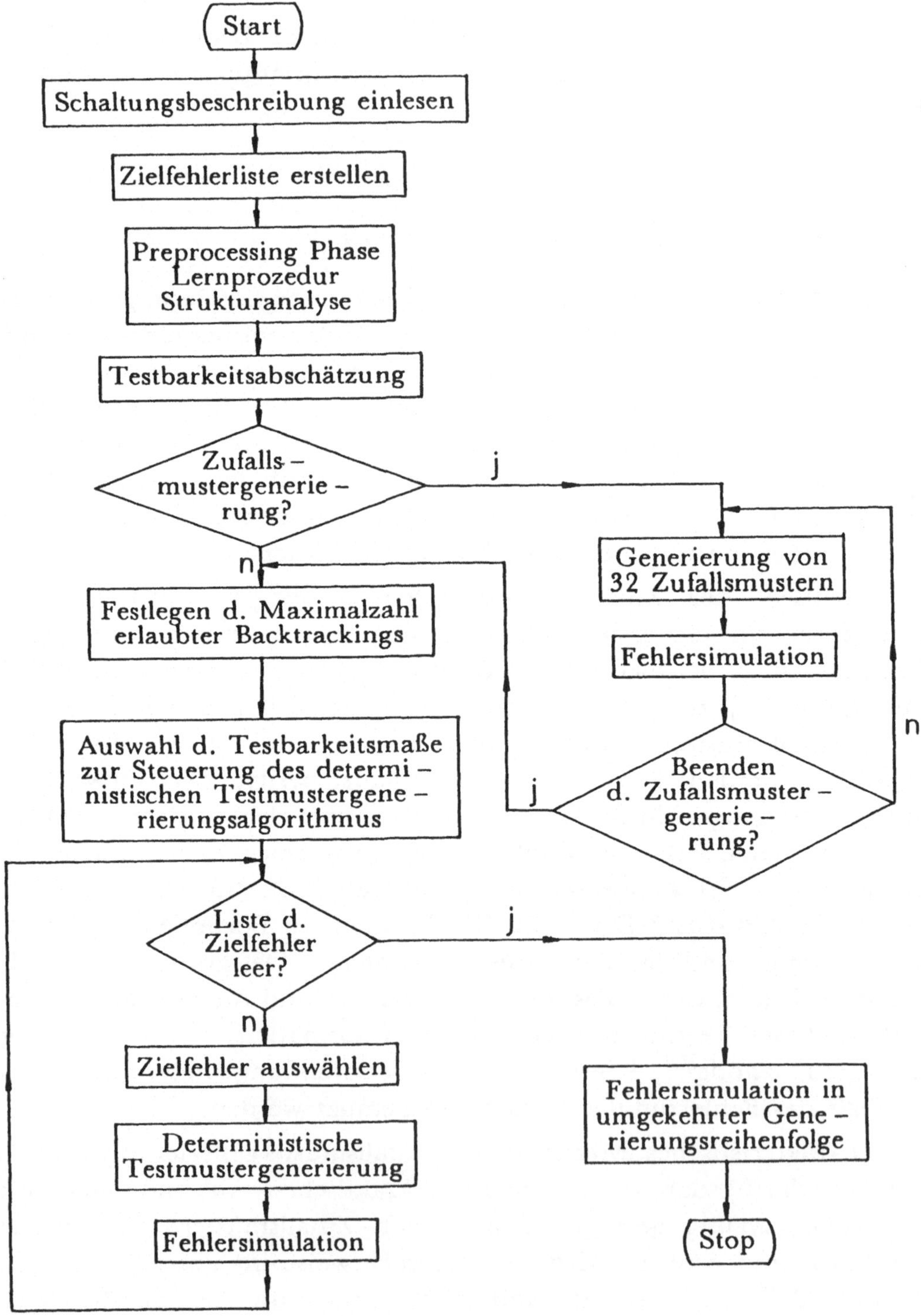

Bild 4.21: SOCRATES Systemablaufplan

teile der Zufallsmustergenerierung sind hauptsächlich darin zu sehen, daß mit dem Fortschreiten des Generierungsprozesses die Zahl der Fehler, die pro generiertem Zufallsmuster neu entdeckt werden, stark abnimmt und daß sehr viele Zufallsmuster keinen zusätzlichen Fehler erkennen. Der zur Fehlersimulation dieser Muster notwendige Rechenzeitaufwand wird somit verschwendet, ohne daß der Testmustergenerierungsprozeß irgendwelchen Nutzen daraus ziehen kann. Die spezifischen Eigenschaften des Fehlersimulationsverfahrens, daß mehrere Muster gleichzeitig bewertet werden und daß die für die Simulation eines Musters erforderliche Rechenzeit mit steigendem Fehlerüberdeckungsgrad deutlich zurückgeht, ermöglichen jedoch eine beträchtliche Verringerung dieses nutzlosen Aufwandes und kompensieren auf diese Weise die Nachteile der Zufallsmustergenerierung. Darüber hinaus wird die Zufallsmustergenerierung und damit auch die Phase 1 des Testmustergenerierungsprozesses abgebrochen, sobald eine vorgegebene Anzahl aufeinanderfolgender Zufallsmuster keinen weiteren Fehler entdeckt.

In der zweiten Phase der automatischen Testmustergenerierung mit SOCRATES wird zunächst ein Zielfehler ausgewählt und dieser aus der Zielfehlerliste entfernt. Anschließend wird mit Hilfe des beschriebenen deterministischen Algorithmus versucht, ein Testmuster für diesen Zielfehler zu generieren. Falls diese Testmustergenerierung erfolgreich verläuft, wird eine Fehlersimulation des bereitgestellten Testmusters durchgeführt und dadurch festgestellt, welche der noch in der Zielfehlerliste befindlichen Fehler vom erzeugten Muster erkannt werden. Diese werden ebenfalls aus der Zielfehlerliste gestrichen. Andernfalls wird -je nach Ergebnis des deterministischen Testmustergenerierungsalgorithmus- der Zielfehler als *Redundant Fault* oder als *Aborted Fault* gekennzeichnet. Die als redundant identifizierten Fehler werden im Rahmen der nachfolgenden Fehlersimulationen nicht mehr berücksichtigt, da es sinnlos wäre und nur unnötigen Aufwand verursachen würde, einen Fehler, der nachgewiesenermaßen unentdeckbar ist, weiterhin zu simulieren. Redundante Fehler werden somit vom Fehlersimulationsalgorithmus in der gleichen Art und Weise wie bereits erkannte Fehler (*fault dropping*) behandelt. Sobald die Zielfehlerliste keinen weiteren Fehler mehr enthält, wird die zweite Phase der Testmustergenerierung beendet.

4.4.5. Maximalzahl erlaubter Backtrackings und Testbarkeitsmaße

Vor dem Beginn der zweiten Phase der automatischen Testmustergenerierung kann die Maximalzahl der *Backtrackings*, die bei der deterministischen Generierung eines Testmusters für einen vorgegebenen Zielfehler ausgeführt werden dürfen, festgelegt werden. Anschließend besteht die Möglichkeit, aus den Testbarkeitsmaßen, die die Testbarkeitsanalyseverfahren

- COP [Brgl83],
- LEVEL [Lioy87],
- SCOAP [Gold80] und
- das in LAMP2 enthaltene Verfahren [Abra85b, Abra86]

bereitstellen, diejenigen auszuwählen, die zur Steuerung der *Multiple Backtrace* Prozedur des deterministischen Testmustergenerierungsalgorithmus verwendet werden sollen.

4.4.6. Kompaktierung des generierten Testsatzes

Um eine Kompaktierung des generierten Testsatzes, d.h. eine Verringerung der Zahl der im Testsatz enthaltenen Testmuster zu erzielen, wird in der abschließenden Phase der automatischen Testmustergenerierung nochmals eine Fehlersimulation aller erzeugten Testmuster in der umgekehrten Generierungsreihenfolge durchgeführt. Die dieser Vorgehensweise zugrundeliegende Idee soll kurz anhand eines kleinen Beispiels veranschaulicht werden.

Gegeben sei eine Schaltung, in der die vier Fehler f_1, f_2, f_3 und f_4 modelliert sind. Für diese vier Fehler seien nacheinander die drei Testmuster t_1, t_2 und t_3 generiert worden. Die im Bild 4.22 dargestellte Fehlerüberdeckungstabelle gibt wieder, welche Fehler von welchem Testmuster erkannt werden. Der Eintrag „*" in der Zeile i und der Spalte j drückt dabei aus, daß das Testmuster t_i die Entdeckung des Fehlers f_j ermöglicht. Die Fehlersimulation des Testsatzes in der umgekehrten Generierungsreihenfolge, d.h. in der Reihenfolge t_3-t_2-t_1 liefert das Er-

	f_1	f_2	f_3	f_4
t_1	*			
t_2		*	*	
t_3	*		*	*

Bild 4.22: Beispiel für Fehlerüberdeckungstabelle und Testsatzkompaktierung

gebnis, daß die Testmuster t_3 und t_2 die Erkennung sämtlicher modellierter Fehler gewährleisten und t_1 somit überflüssig ist. Das Testmuster t_1 kann demzufolge aus dem Testsatz gestrichen werden, so daß sich sein Umfang von drei auf zwei Testmuster verringert.

Da die Zahl der im Testsatz enthaltenen Muster die Testdurchführungszeiten spürbar beeinflußt, trägt die Kompaktierung des generierten Testsatzes wesentlich zu einer Verringerung der bei der Testdurchführung anfallenden Kosten bei. Die Bestimmung eines Testsatzes minimalen Umfangs wäre gleichbedeutend mit der Lösung des Überdeckungsproblems und damit für praxisrelevante VLSI-Schaltungen zu aufwendig. Neben den bekannten Verfahren der statischen und der dynamischen Testsatzkompaktierung [Goel79, Benn84, Abra86] stellt die beschriebene Vorgehensweise, den erzeugten Testsatz zu einem abschließenden Zeitpunkt in umgekehrter Generierungsreihenfolge zu simulieren, einen attraktiven Kompromiß bezüglich der erzielten Umfangsverringerung und der dafür benötigten Rechenzeit dar.

4.4.7. Restart-Modus

SOCRATES bietet die Möglichkeit, nach Beendigung der automatischen Testmustergenerierung nochmals neu mit dem deterministischen Testmustergenerierungsalgorithmus auf der Menge der unerkannten und nicht als redundant nachgewiesenen Fehler aufzusetzen (*Restart*-Modus). Dabei wird die in der Schaltung vorliegende Belegungssituation dynamisch in die Ausführungsanweisungen 1 und 2 der verbesserten Prozedur zur Durchführung der zwingend notwendigen Sensibilisierungsmaßnahmen einbezogen. Desweiteren besteht die Möglichkeit, eine veränderte (ggfs. höhere) Maximalzahl erlaubter *Backtrackings* festzulegen und andere Testbarkeitsmaße zur Steuerung der *Multiple Backtrace* Prozedur des deterministischen Testmustergenerierungsalgorithmus auszuwählen. Der *Restart*-Modus ist optional und im Systemablaufplan von SOCRATES (Bild 4.21) aus Platzgründen nicht berücksichtigt.

4.5. Experimentelle Ergebnisse und vergleichende Untersuchungen

Das automatische Testmustergenerierungssystem SOCRATES wurde auf einer Micro-VAX, die unter dem ULTRIX-32-Betriebssystem arbeitet, in der Programmiersprache C implementiert. Es enthält sämtliche in den vorausgehenden Kapiteln beschriebenen Techniken zur Verbesserung und Beschleunigung des automatischen Testmustergenerierungsprozesses. Mit SOCRATES wurden im Rahmen mehrerer Experimente Testsätze für die zehn bekannten kombinatorischen Schaltungen generiert und die Ergebnisse vergleichend gegenübergestellt. Wie bereits im Kapitel 3 der vorliegenden Arbeit erwähnt wurde, werden diese Schaltungen häufig für wissenschaftliche Untersuchungen verwendet und ermöglichen dadurch Vergleiche zu anderen in der Literatur beschriebenen oder industriell eingesetzten Verfahren.

In den ersten beiden Experimenten wurden Testsätze für die zehn Schaltungen einmal mit und einmal ohne die Anwendung der Zufallsmustergenerierung während der Phase 1 erzeugt, wobei die maximale Zahl der erlaubten *Backtrackings* in beiden Fällen auf den Wert 10 festgesetzt wurde und die COP-Einstellbarkeitsmaße [Brgl83] in Verbindung mit den LEVEL-Beobachtbarkeitsmaßen [Lioy87] zur Steuerung des deterministischen Testmustergenerierungsalgorithmus benutzt wurden. Bei der Durchführung der zwingend notwendigen Sensibilisierungsmaßnahmen wurde jeweils die strukturbezogene Betrachtungsweise der Schaltung verwendet und die Belegungssituation nicht dynamisch berücksichtigt. Im ersten der beiden Experimente wurde die Zufallsmustergenerierung beendet, wenn 64 aufeinanderfolgende Zufallsmuster keinen weiteren Fehler erkannt hatten. Um einen Vergleich mit anderen in der Literatur beschriebenen Testmustergenerierungssystemen zu gestatten, wurde in beiden Experimenten kein Gebrauch von der Möglichkeit gemacht, nach der Beendigung der Testmustergenerierung nochmals neu auf der Menge der unerkannten und nicht als redundant nachgewiesenen Fehler mit einer veränderten Maximalzahl erlaubter *Backtrackings* und anders gewählten Testbarkeitsmaßen aufzusetzen. Die Ergebnisse dieser Generierungsläufe sind in den Tabellen 4.1 und 4.2 zusammengefaßt. Alle angegebenen Rechenzeiten sind auf einer Micro-VAX gemessen, wobei die mit ATG und FS gekennzeichneten Spalten die für die automatische Testmustergenerierung und die Fehlersimulation benötigten Rechenzeiten wiedergeben. Die Rechenzeiten, die für die abschließende Fehlersimulation des Testsatzes in der umgekehrten Generierungsreihenfolge beansprucht werden, sind in den für die Fehlersimulation angegebenen Gesamtzeiten enthalten.

Schaltung	Fehlerüberdeckungsgrad [%]	Anzahl d. Test Muster	Aborted/Redundant Faults	Backtrackings	CPU-Zeiten [sek.]		
					ATG	FS	Summe
c432	99.24	57	2/2	20	4.2	4.1	8.3
c499	98.94	54	0/8	0	8.7	6.2	14.9
c880	100.00	65	0/0	0	3.6	10.6	14.2
c1355	99.49	88	0/8	2	12.9	18.8	31.7
c1908	99.52	120	0/9	0	35.1	46.1	81.2
c2670	95.49	123	0/117	8	78.0	54.9	132.9
c3540	96.00	177	0/137	0	40.1	96.3	136.4
c5315	98.90	139	0/59	5	19.4	60.1	79.5
c6288	99.56	35	0/34	0	1.1	269.6	270.7
c7552	98.25	224	56/77	602	370.3	204.6	574.9

Tabelle 4.1: Ergebnisse der automatischen Testmustergenerierung mit SOCRATES unter Anwendung der Zufallsmustergenerierung während Phase 1 (Micro-VAX)

Die in den Tabellen 4.1 und 4.2 aufgeführten Ergebnisse verdeutlichen die Qualität der von SOCRATES erzeugten Testsätze und unterstreichen die effiziente Arbeitsweise des Systems. Ein Vergleich der von SOCRATES beanspruchten Rechenzeiten mit den Rechenzeiten, die von anderen in der Literatur bekannten Systemen zur Durchführung der automatischen Testmustergenerierung für dieselben kombinatorischen Schaltungen benötigt werden [Rosa85, Fuji85a, Kawa85, Mura85, Taka85, Abra86], zeigt, daß mit SOCRATES erhebliche Rechenzeiteinsparungen erzielt werden, die z.T. bis in die Größenordnung des Faktors 10 reichen. Die generierten Testsätze weisen dabei für alle Schaltungen den gleichen oder einen besseren Fehlerüberdeckungsgrad

Schal- tung	Fehler über- deckungs- grad [%]	Anzahl d. Test Muster	Aborted Faults	Back- track- ings	CPU-Zeiten [sek.]		
					ATG	FS	Summe
c432	99.24	48	2	20	8.6	8.1	16.7
c499	98.94	59	0	30	38.5	13.8	52.3
c880	100.00	62	0	0	8.6	17.0	25.6
c1355	99.49	91	0	22	62.0	43.2	105.2
c1908	99.52	127	0	19	124.2	81.6	205.8
c2670	95.49	119	0	17	101.5	89.0	190.5
c3540	95.95	182	2	32	183.3	200.6	383.9
c5315	98.88	134	1	30	78.5	157.4	235.9
c6288	99.56	40	0	23	84.9	327.5	412.4
c7552	98.25	231	57	687	482.4	405.8	888.2

Tabelle 4.2: Ergebnisse der automatischen Testmustergenerierung mit SOCRATES ohne Anwendung der Zufallsmustergenerierung während Phase 1 (Micro-VAX)

auf und sind in meisten Fällen von kleinerem Umfang als die Testsätze, die von den zum Vergleich herangezogenen Systemen erstellt worden sind. Die Tatsache, daß für alle Benchmark-Schaltungen, deren Größenbereich sich von 160 bis zu 3500 Gattern erstreckt, gut kompaktierte Testsätze in weniger als 10 CPU-Minuten auf einer Micro-VAX generiert werden konnten (Tabelle 4.1), unterstreicht die kostengünstige und wirtschaftliche Einsetzbarkeit von SOCRATES auf Minirechnern und Workstations. Darüber hinaus erscheint besonders bemerkenswert, daß SOCRATES für die meisten Schaltungen keine *Aborted Faults* und eine erstaunlich geringe Gesamtzahl angefallener *Backtrackings* aufweist. Der Vergleich der Rechenzeiten in den Tabellen 4.1 und 4.2 bestätigt schließlich die Erfahrungstatsache, daß die automatische Testmustergenerierung rechenzeitsparender durchgeführt werden kann, wenn zunächst in der Phase 1 Gebrauch von der Zufallsmustergenerierung gemacht wird.

Die Fehlersimulation in der umgekehrten Generierungsreihenfolge, die in der abschließenden Phase der automatischen Testmustergenerierung vorgenommen wird, benötigt zwischen 17 % und 48 % der gesamten Fehlersimulationszeit und komprimiert die erzeugten Testsätze in den meisten Fällen auf ungefähr 65 % ihres ursprünglichen Umfangs.

Tabelle 4.3 illustriert die Zahl der globalen Implikationen, die während der der eigentlichen Testmustergenerierung vorausgehenden Lernphase gelernt werden, die Zahl der Wertzuweisungen, die von der Ausführungsanweisung 2 der verbesserten Prozedur zur Durchführung zwingend notwendiger Sensibilisierungsmaßnahmen unter Verwendung der strukturbezogenen Betrachtungsweise vorgenommen werden, und die für das Lernen der Implikationen und die Analyse der Schaltungsstruktur benötigte Rechenzeit.

Schaltung	Zahl der gelernten Implikationen	Ausführungsanweisung 2; Zahl der vorg. Wertzuweisungen	CPU-Zeit [sek.]
c432	120	1	2.6
c499	40	0	5.6
c880	109	14	5.8
c1355	208	0	23.3
c1908	1344	122	37.5
c2670	1922	91	46.5
c3540	7410	190	235.9
c5315	3377	4	83.6
c6288	1052	0	32.9
c7552	10686	1055	217.8

Tabelle 4.3: Zahl der in der Lernphase gelernten Implikationen; Zahl der von der Ausführungsanweisung 2 getroffenen Wertzuweisungen (Durchführung zwingend notw. Sensibilisierungsmaßnahmen); Rechenzeit für Lernphase und Strukturanalyse (Micro-VAX)

Aus Tabelle 4.3 wird ersichtlich, daß in allen Benchmark-Schaltungen eine überraschend große Zahl globaler Implikationen von der Lernprozedur gelernt wird. Darüber hinaus wird eine beachtliche Zahl von Wertzuweisungen im Rahmen der Ausführungsanweisung 2 der verbesserten Prozedur zur Durchführung zwingend notwendiger Sensibilisierungsmaßnahmen getroffen, obwohl keine der Benchmark-Schaltungen PLA-Struktur aufweist. Die Rechenzeiten, die zur Ausführung der vollständigen *Preprocessing* Phase benötigt werden, sind deutlich geringer als die für die eigentliche automatische Testmustergenerierung beanspruchten Gesamtrechenzeiten (Tabellen 4.1 und 4.2). Die in Tabelle 4.3 aufgeführten CPU-Zeiten schließen neben den Rechenzeiten für die Ausführung der Lernprozedur auch die Rechenzeiten zur Bestimmung der Dominanzbeziehungen, der *Free Lines*, *Head Lines* und *Bound Lines* sowie der unabhängigen Fanout-Zweige (für den Fehlersimulationsalgorithmus) ein.

Um die Einsparungen in der Zahl der anfallenden *Backtrackings* zu demonstrieren, die durch das Lernen der globalen Implikationen und deren explizite Ausführung während der deterministischen Testmustergenerierung erzielt werden, wurden für die Schaltung c1355 Testsätze mit zwei unterschiedlichen Implementierungen von SOCRATES gene%riert. Dabei wurde jeweils kein Gebrauch von der Zufallsmustergenerierung während der Phase 1 gemacht. Die beiden Implementierungen unterscheiden sich lediglich in den verwendeten Implikationsprozeduren. Während Implementierung 1 die konventionelle Implikationsprozedur des FAN-Algorithmus [Fuji83] benutzt, steht der Implementierung 2 die verbesserte Implikationsprozedur, die Kapital aus den in der Lernphase gelernten globalen Implikationen schlagen kann, zur Verfügung. Bild 4.23 zeigt die *Backtracking*-Verteilungen, die mit den beiden Implementierungen 1 und 2 erzielt wurden. Verteilung 2 verdeutlicht, daß mit Hilfe der verbesserten Implikationsprozedur bedeutend mehr Testmuster gänzlich ohne *Backtracking* generiert werden können. Darüber hinaus verringern sich die maximale Zahl von *Backtrackings*, die bei der Generierung eines Testmuster anfallen, von 10 auf 2 und die Gesamtzahl sämtlicher aufgetretener *Backtrackings* von 201 auf 22.

Die vorteilhaften Auswirkungen, die sich aus der zusätzliche Anwendung der Ausführungsanweisung 2 im Rahmen der verbesserten

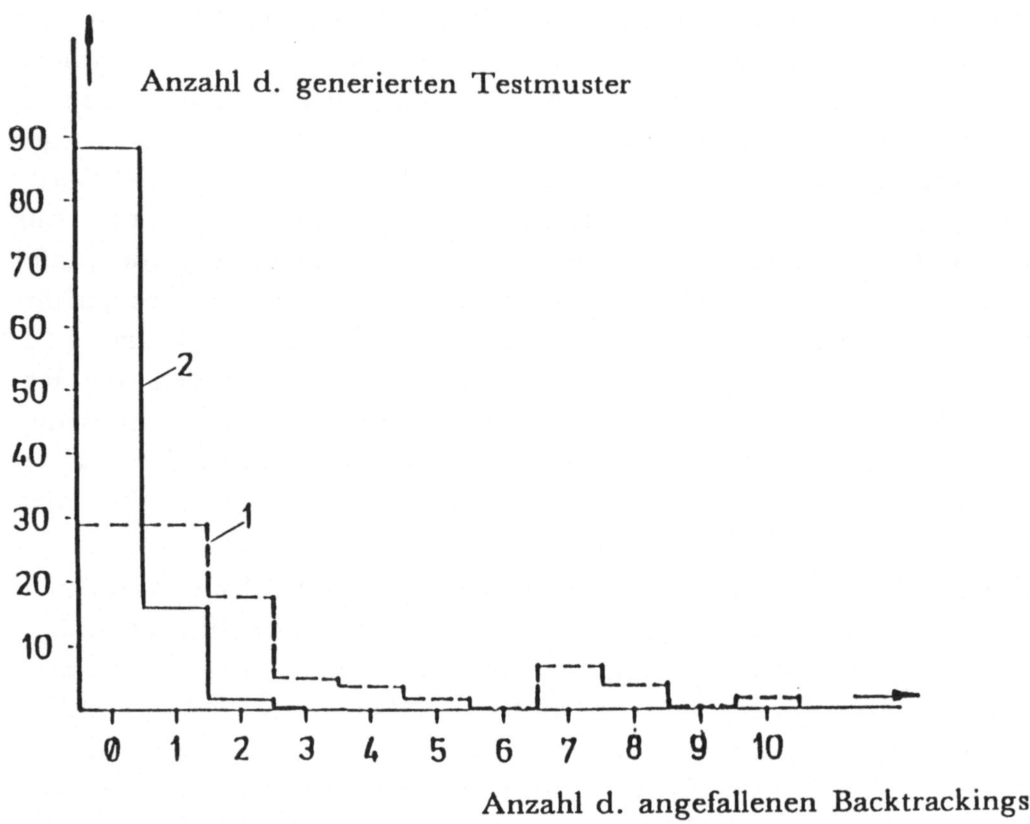

Bild 4.23: Auswirkungen der verbesserten Implikationsprozedur

Prozedur zur Durchführung der zwingend notwendigen Sensibilisierungsmaßnahmen ergeben, werden anhand einer 8-Bit ALU (*Arithmetic Logic Unit*) veranschaulicht, die als PLA (*Programmable Logic Array*) mit einem Eingangs- und einem Ausgangsdecoder realisiert ist. Die Charakteristika der ALU sind:

- Zahl der Signale: 173
- Zahl der Schaltungseingänge: 19
- Zahl der Schaltungsausgänge: 11
- Zahl der Produktterme: 53
- Zahl der Gatter: 154
- Zahl der einfachen Ständigfehler: 671

Für diese ALU in PLA-Struktur wurden in zwei weiteren Experimenten wiederum Testsätze mit unterschiedlichen Implementierungen von SOCRATES erstellt, wobei in der Phase 1 zunächst jeweils die Zufallsmustergenerierung durchgeführt wurde. Im Experiment 1 wurde eine Implementierung von SOCRATES verwendet, die sich der konventionellen Prozedur zur Durchführung zwingend notwendiger Sensibilisierungsmaßnahmen bedient [Fuji83]. Dagegen macht Experiment 2 von der verbesserten Prozedur zur Durchführung der zwingend notwendigen Sensibilisierungsmaßnahmen unter Verwendung der strukturbezogenen Betrachtungsweise sowie von allen anderen Verbesserungsvorschlägen Gebrauch, die in der vorliegenden Arbeit beschrieben worden sind. Die Ergebnisse der beiden Experimente 1 und 2 sind in Tabelle 4.4 zusammengefaßt. Daraus geht hervor, daß durch die Anwendung der Ausführungsanweisung 2 im Rahmen der verbessertern Prozedur zur Durchführung zwingend notwendiger Sensibilisierungsmaßnahmen erhebliche Rechenzeiteinsparungen erzielt werden und darüber hinaus die Zahl der anfallenden *Backtrackings* und *Aborted Faults* deutlich reduziert wird.

Experiment	Fehlerüberdekkungsgrad [%]	Anzahl d. Test Muster	Aborted/Redundant Faults	Backtrackings	CPU-Zeiten [sek.]		
					ATG	FS	Summe
1	96.72	89	5/22	88	22.5	7.7	30.2
2	96.72	87	0/22	27	10.7	7.3	18.0

Tabelle 4.4: Auswirkungen der verbesserten Prozedur zur Durchführung der zwingend notwendigen Sensibilisierungsmaßnahmen (Anwendung der Ausführungsanweisung 2) (Micro-VAX)

Darüber hinaus bewirken die verbesserten Prozeduren zur Durchführung der Implikationen und der zwingend notwendigen Sensibilisierungsmaßnahmen, daß redundante Fehler erheblich einfacher und rechenzeitsparender identifiziert werden können, als dies mit einer Laborversion des FAN-Algorithmus [Fuji83] möglich ist. SOCRATES weist beispielsweise elf Fehler der Schaltung c2670, acht Fehler der Schaltung c3540 und zwei Fehler der Schaltung c1908 mit weniger als zehn *Backtrackings* als redundant nach, wohingegen die Laborversion des FAN-Algorithmus, die sich der konventionellen Implikations- und Sensibilisierungsprozeduren bedient, in den meisten Fällen mehr als 10 000 *Backtrackings* und in manchen Fällen sogar mehr als 100 000 *Backtrackings* benötigt. Außerdem identifiziert SOCRATES eine bedeutende Anzahl redundanter Fehler in den Benchmark-Schaltungen gänzlich ohne *Backtracking*. So werden z.B. für die Schaltung c3540 137 Fehler als redundant nachgewiesen, ohne daß ein einziges *Backtracking* durchgeführt werden muß (Tabelle 4.1).

a.) Konventionelle Prozeduren

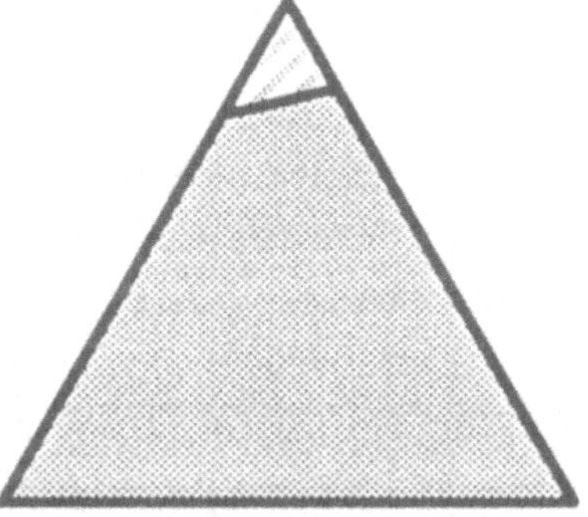

b.) Verbesserte Prozeduren

Bild 4.24: Abstrakte Problemdarstellung der deterministischen Testmustergenerierung für redundante Fehler; Auswirkungen der verbesserten Prozeduren zur Durchführung der Implikationen und der zwingend notwendigen Sensibilisierungsmaßnahmen

Bild 4.24 veranschaulicht diesen Effekt mit der Hilfe der abstrahierten Darstellung des Entscheidungsbaums, die im Kapitel 4.1.3 eingeführt wurde. Da für einen redundanten Fehler definitionsgemäß kein Testmuster existiert, kann auch keine Lösung des Suchproblems gefunden werden. Demzufolge besteht der gesamte Entscheidungsbaum aus einem einzigen Nichtlösungsgebiet. Der auf den konventionellen Prozeduren zur Implikation und zur Durchführung der zwingend notwendigen Sensibilisierungsmaßnahmen basierende Testmustergenerierungsalgorithmus ist nicht in der Lage, große Teile des Nichtlösungsgebietes als solche zu identifizieren (Bild 4.24a). Aus diesem Grund benötigt er eine beträchtliche Anzahl von *Backtrackings*, um den Fehler als redundant nachzuweisen. Dagegen ermöglichen die verbesserten Implikations- und Sensibilisierungsprozeduren eine erhebliche Verkleinerung des unerkannten Teils des Nichtlösungsgebietes (Bild 4.24b), so daß der redundante Fehler mit einer wesentlich geringeren Anzahl von *Backtrackings* als solcher identifiziert werden kann.

Nach Beendigung der Testmustergenerierung für die Schaltung c7552 stellte sich heraus, daß einer der 56 *Aborted Faults* (Tabelle 4.1) zufällig von einem für einen anderen Zielfehler generierten Testmuster mitentdeckt wurde. Da die restlichen 55 *Aborted Faults* unerkannt geblieben sind, wurde für diese Fehler Gebrauch vom *Restart*-Modus gemacht und die deterministische Testmustergenerierung unter Verwendung der dynamischen Betrachtungsweise im Rahmen der Durchführung der zwingend notwendigen Sensibilisierungsmaßnahmen wiederholt. Dabei wurden die Testbarkeitsmaße des in LAMP2 enthaltenen Testbarkeitsanalyseverfahrens zur Steuerung der *Multiple Backtrace* Prozedur [Abra86] eingesetzt und wiederum maximal 10 *Backtrackings* pro vorgegebenem Zielfehler zugelassen. Die Ergebnisse dieses Wiederholungslaufes belegen den enormen Wert, den die dynamische Berücksichtigung der Belegungssituation in den Ausführungsanweisungen 1 und 2 der Prozedur zur Durchführung der zwingend notwendigen Sensibilisierungsmaßnahmen im Hinblick auf die Identifizierung redundanter Fehler und die Erkennung schwer zu testender Fehler besitzt.

Ohne daß ein einziges *Backtracking* durchgeführt werden mußte, konnten 54 der 55 untersuchten Fehler als redundant nachgewiesen und für den verbleibenden einen Fehler ein Testmuster erfolgreich generiert werden. Die vom deterministischen Testmustergenerierungsalgorithmus benötigte Rechenzeit betrug für den gesamten Wiederholungslauf ca. 29 Sekunden auf einer Micro-VAX. Damit ergeben sich die Gesamtanzahl der in der Schaltung c7552 enthaltenen redundanten Fehler zu 131 und der Fehlerüberdeckungsgrad, der unter Verwendung der im Kapitel 4.4.1 beschriebenen Fehlermodellierungsmethode maximal erreichbar ist, zu 98.26 %. Besondere Erwähnung schließlich verdient die Tatsache, daß SOCRATES mit einer Gesamtrechenzeit von ungefähr 10 CPU-Minuten auf einer Micro-VAX Testmuster für alle testbaren Ständigfehler der Schaltung c7552 generiert und darüber hinaus sämtliche redundanten Fehler in dieser als solche nachweist.

5. Zusammenfassung und Ausblick

Motiviert durch die enorme wirtschaftliche Bedeutung des Forschungsgebietes der Testvorbereitung und angesichts des ständig zunehmenden Einsatzes testfreundlicher Entwurfsmethoden, mit deren Hilfe das Testproblem sequentieller Schaltungen auf das Testproblem kombinatorischer Schaltungen zurückgeführt werden kann, behandelt die vorliegende Arbeit die Aufgabenstellungen der automatischen Testmustergenerierung und der Fehlersimulation in kombinatorischen Schaltungen. Für diese beiden wichtigsten Aufgabenstellungen im Rahmen der Testvorbereitung wurden zunächst jeweils die grundlegenden Prinzipien unter Berücksichtigung des Standes der Technik dargestellt. Darauf aufbauend wurden neue Konzepte und Lösungsvorschläge zur weiteren Beschleunigung und Verbesserung beschrieben, die auf die Bewältigung einer möglichst hohen Schaltungskomplexität mit wirtschaftlich vertretbarem Aufwand zielen. Sie ermöglichen damit insbesondere den kostensparenden Einsatz der im Lauf dieser Arbeit entwickelten Verfahren und Programmsysteme auf Minirechnern und Workstations.

Im Kapitel 3 wurden zwei Verfahren zur schnellen Fehlersimulation in kombinatorischen Schaltungen vorgestellt. Beide basieren auf der bekannten Methode, die rechenzeitaufwendige Fehlersimulation auf die Fanout-Stämme zu beschränken und mit einer rechenzeitsparenden Einfachpfadsensibilisierung in den fanoutfreien Zonen zu kombinieren. Darüber hinaus enthalten beide Verfahren zahlreiche Methoden zur weiteren Beschleunigung der Fehlersimulation. Diese Beschleunigungsmethoden zielen im einzelnen auf eine parallele Signalauswertung unter Ausnutzung der gesamten Maschinenwortlänge in allen Verfahrensschritten, auf eine Verringerung der Zahl der Fanout-Stämme, für die eine explizite Fehlersimulation durchgeführt werden muß, und auf eine Reduktion der Zahl der notwendigen Gatterauswertungen. Erhebliche Rechenzeitgewinne ergeben sich vor allem aus der Durchführung der Einfachpfadsensibilisierung mittels paralleler Signalauswertung und aus der Einführung eines Kriteriums zur Überprüfung der fanoutfreien Zonen, das ebenfalls mittels paralleler Signalauswertung vor der expliziten Fehlersimulation der Fanout-Stämme berechnet wird. Desweiteren tragen die Ausnutzung der Dominanzbeziehungen zwischen den Fanout-Stämmen und der Unabhängigkeitseigenschaft der Fanout-Zweige sowie die im Fehlersimulationsverfahren 2 verwendete verbesserte Methode der Fehlerinjektion wesentlich zu einer weiteren Beschleunigung bei.

Die effektive Einsetzbarkeit der beschriebenen Fehlersimulationsverfahren auf Minirechnern und Workstations wird durch die vorgelegten Rechenzeiten eindrucksvoll nachgewiesen. Dabei stellt insbesondere der mit Verfahren 2 bezeichnete Fehlersimulationsalgorithmus einen deutlichen Fortschritt gegenüber dem Stand der Technik auf dem Gebiet der tabellengesteuerten Fehlersimulation dar. Die mit ihm erzielbaren Rechenzeiten sind vergleichbar mit den Rechenzeiten für eine compilergesteuerte Fehlersimulation, ohne daß zu seiner Anwendung vorab die rechenzeitintensive Compilierung der zu bearbeitenden Schaltung vorgenommen werden muß. Ein weiteres interessantes Ergebnis der vorliegenden Arbeit besteht in der Erkenntnis, daß für große Anzahlen zu simulierender Muster die exakten Fehlersimulationsverfahren wesentlich geringere Rechenzeiten als ein beschleunigtes approximatives Fehlersimulationsverfahren (Testsatzbewertungsverfahren) in Anspruch nehmen. Dies legt in Verbindung mit dem Genauigkeitsaspekt die Schlußfolgerung nahe, daß die approximativen Fehlersimulationsverfahren in ihrer derzeitigen Ausprägungsform nur von sehr beschränktem Wert sind, der vor allem in der Simulation geringer Musterzahlen zu sehen ist.

Das Problem der deterministischen Testmustergenerierung wurde als Suchproblem mit diskretem und finitem Suchraum formuliert, dessen Eigenschaften die Voraussetzungen für eine systematische Suche und die Anwendung der *Split-and-Prune*-Methode erfüllen. Darauf aufbauend wurde ein deterministischer Testmustergenerierungsalgorithmus beschrieben, der zur Lösung des Problems einen Entscheidungsbaum aufbaut und ein *Backtracking*-Suchverfahren verwendet. Der Entscheidungsbaum wurde zur besseren Veranschaulichung des Problems der deterministischen Testmustergenerierung abstrahierend durch ein Dreieck dargestellt, das gewöhnlich in ein Lösungsgebiet und in mehrere Nichtlösungsgebiete unterteilt ist. Innerhalb der Nichtlösungsgebiete wurde wiederum zwischen den von den deterministischen Testmustergenerierungsalgorithmen erkannten Teilen und den unerkannten Teilen unterschieden. Da die unerkannten Nichtlösungsgebiete die Hauptursache für hohe *Backtracking*-Zahlen und somit für einen hohen Rechenzeitbedarf verkörpern, wurde die Minimierung der Größe der unerkannten Nichtlösungsgebiete als das wichtigste globale Ziel herausgestellt, das es im Sinne einer effizienten und rechenzeitsparenden Durchführung der deterministischen Testmustergenerierung zu erreichen gilt.

Der vorgestellte deterministische Testmustergenerierungsalgorithmus basiert auf den Konzepten und Strategien des aus der Literatur bekannten FAN-Algorithmus. Seinen Kern bilden die Implikationsprozedur, die Prozedur zur Durchführung der zwingend notwendigen Sensibilisierungsmaßnahmen und die *Multiple Backtrace* Prozedur. Diese drei Prozeduren übernehmen sämtliche Schlüsselfunktionen bezüglich eines effizienten Ablaufs der deterministischen Testmustergenerierung. Die Implikationsprozedur wurde gegenüber der des FAN-Algorithmus drastisch verbessert, indem zusätzlich zu den lokalen Implikationen auch globale Implikationen ausgeführt werden. Diese globalen Implikationen werden in einer der eigentlichen Testmustergenerierung vorausgehenden *Preprocessing* Phase unter Anwendung einer aus der Logik bekannten Äquivalenzbeziehung identifiziert und gelernt. Die Prozedur zur Durchführung der zwingend notwendigen Sensibilisierungsmaßnahmen umfaßt im wesentlichen zwei Ausführungsanweisungen, in die die in der Schaltung vorliegende Belegungssituation je nach Bedarf dynamisch einbezogen werden kann. Sie stellt damit ebenfalls einen wesentlichen Fortschritt gegenüber dem FAN-Algorithmus und dem Stand der Technik dar, wobei die dynamische Einbeziehung der Belegungssituation insbesondere die Testmustergenerierung für diejenigen Fehler unterstützt, für die es sehr schwierig ist, ein Testmuster zu erzeugen. Desweiteren repräsentiert sie ein wertvolles Mittel zum Nachweis redundanter Fehler. Die *Multiple Backtrace* Prozedur schließlich ist für den Aufbau des Entscheidungsbaums verantwortlich und legt die Reihenfolge der Knoten in diesem fest. Sie verwendet hierfür eine Vielzahl intelligenter, meist heuristischer Steuermechanismen, die entscheidend zur Leistungsfähigkeit und zur Effektivität des deterministischen Testmustergenerierungsalgorithmus beitragen.

Die beschriebenen Algorithmen zur schnellen Fehlersimulation und zur deterministischen Testmustergenerierung wurden im automatischen Testmustergenerierungssystem SOCRATES vereint. Wie alle modernen Systeme führt SOCRATES die Testmustergenerierung in zwei Phasen durch, wobei in der ersten Phase ein zufallsbasiertes und in der zweiten Phase das vorgestellte deterministische Testmustergenerierungsverfahren Anwendung finden. Das Fehlersimulationsverfahren 2 wird zur Bewertung sämtlicher generierter Muster eingesetzt. Dabei wird in der ersten Phase die Fähigkeit des Verfahrens, die Fehlersimulation gleichzeitig für eine der Maschinenwortlänge entsprechende Zahl von Mustern auszuführen, vorteilhaft ausgenutzt, indem die Zufallsmuster in Portionen von je 32 Mustern erzeugt und anschließend dem Fehlersimulator übergeben werden. Darüber hinaus bietet SOCRATES die Möglichkeit, eine Testbarkeitsabschätzung für die zu bearbeitende Schaltung vorzunehmen, die dem Benutzer Aufschluß über die Testbarkeit einer Schaltung mittels Zufallsmustern gibt. SOCRATES beinhaltet ferner vier Testbarkeitsanalyseprogramme zur Berechnung von Testbarkeitsmaßen, die zur Steuerung des deterministischen Testmustergenerierungsalgorithmus eingesetzt werden. Um die bei der Testdurchführung anfallenden Kosten zu reduzieren, sieht SOCRATES eine Möglichkeit zur Kompaktierung der generierten Testsätze vor. Zu diesem Zweck wird in der abschließenden Phase der Testmustergenerierung eine Fehlersimulation aller erzeugten Muster in der umgekehrten Generierungsreihenfolge durchgeführt.

Die von SOCRATES gelieferten Ergebnisse belegen seine Eignung zum effektiven Einsatz auch auf Minirechnern und Workstations. Die geringen Rechenzeiten in Verbindung mit der hohen Qualität der generierten Testsätze spiegeln den erheblichen Fortschritt gegenüber dem Stand der Technik wider, der mit der Entwicklung und Implementierung von SOCRATES geschaffen werden konnte. Ein anhand von zehn international verbreiteten Benchmark-Schaltungen durchgeführter Vergleich von SOCRATES mit anderen aus der Literatur bekannten und industriell eingesetzten Testmustergenerierungssystemen zeigt, daß mit SOCRATES drastische Rechenzeiteinsparungen erzielt werden können, die teilweise bis in die Größenordnung des Faktors 10 reichen. Desweiteren erlauben die in SOCRATES eingesetzten Methoden, redundante Fehler mit wesentlich geringerem Aufwand als solche nachzuweisen, als dies mit herkömmlichen Testmustergenerierungssystemen und anderen Redundanzerkennungsverfahren möglich ist. Im übrigen wird SOCRATES aufgrund seiner bestechenden Leistungsfähigkeit derzeit an verschiedenen Stellen in der Industrie erprobt.

Als wichtigste zukünftige Forschungsaufgaben sind die Erweiterung der in dieser Arbeit beschriebenen Verfahren zur Fehlersimulation und automatischen Testmustergenerierung auf synchrone sequentielle Schaltungen, ihre Anpassung an ein Hierarchiekonzept und die Bewältigung dynamischer Testprobleme zu nennen. Auf dem Forschungsgebiet der Fehlersimulation und der automatischen Testmustergenerierung für synchrone sequentielle Schaltungen gilt es zunächst zu prüfen, inwieweit die vorgestellten grundlegenden Konzepte für die effiziente Bearbeitung dieser Aufgabenstellungen geeignet sind und folglich übernommen werden können. Darüber hinaus ist die Entwicklung neuer Methoden und Verfahren erforderlich, die vermutlich aus der Anwendung graphentheoretischer Betrachtungsweisen und Algorithmen erheblichen Nutzen ziehen könnten. Bei der Anpassung der vorgeschlagenen Verfahren an ein Hierarchiekonzept sind vor allem aufgrund der großen Datenmengen, die zur Behandlung komplexer Schaltungselemente (z.B. Addierer, Vergleicher, ALU, usw.) gespeichert und verwaltet werden müssen, schwerwiegende Probleme zu erwarten. Ein gangbarer Lösungsweg könnte in der Beschränkung auf bestimmte Klassen komplexer Schaltungselemente und in der Vereinfachung der verwendeten Fehlersimulations- und Testmustergenerierungsalgorithmen im Hinblick auf eine Reduktion der zu handhabenden Datenmengen bestehen. Im Bereich des dynamischen Testens wurden bereits erste Vorarbeiten unternommen, indem sowohl die verschiedenen Fehlersimulationsalgorithmen als auch das automatische Testmustergenerierungssystem SOCRATES auf die Behandlung des einfachen lokalen Übergangsfehlermodells erweitert wurden. Dagegen stellen die automatische Testmustergenerierung und die Fehlersimulation für das globale Übergangsfehlermodell weitgehend ungelöste Probleme dar. Die größten Schwierigkeiten werden dabei durch die i.a. exponentiell mit der Schaltungsgröße anwachsende Zahl von Pfaden zwischen den Schaltungseingängen und den Schaltungsausgängen verursacht. Während zum gegenwärtigen Zeitpunkt noch keine brauchbaren und praxisnahen Ansätze zur Berücksichtigung des globalen Übergangsfehlermodells im Rahmen der Fehlersimulation bekannt sind, wurden bereits erste prinzipielle Vorschläge zur automatischen Testmustergenerierung für Pfadverzögerungsfehler in der Literatur unterbreitet. Die Hauptschwierigkeiten diesbezüglich stellen neben der großen Zahl existierender Pfade die Auswahl der zeitkritischen und für die Testmustergenerierung relevanten Pfade, der Nachweis der Vollständigkeit des erzeugten Testsatzes sowie die Notwendigkeit, eine Beeinträchtigung des Test durch Hazard-Phänomene auszuschließen, dar.

Vereinbarungen, Formelzeichen und Stichworte

Vereinbarungen und Formelzeichen

$G = (V,E)$, $G_\pi = (V_\pi,E_\pi)$	Gerichtete zyklenfreie Strukturgraphen
V	Signalvektor aller Signale der Schaltung
V_I	Signalvektor der Schaltungseingänge (Primäreingänge)
V_O	Signalvektor der Schaltungsausgänge (Primärausgänge)
V_F	Signalvektor der Fanout-Stämme
$\hat{V}$	Binärer Belegungszustand der Signale
$\hat{V}_I$	Binärer Belegungszustand der Schaltungseingänge, binärer Eingangssignalvektor, Testmuster
$x, y, \ldots$	Kleinbuchstaben bezeichnen Signale einer Schaltung und Knoten in den Strukturgraphen
$x_1, x_2, \ldots$	Indizierte Kleinbuchstaben kennzeichnen Fanout-Zweige
x_y	Empfindlichkeit von Signal x gegen Signal y, Boolesche Differenz von Signal x gegen Signal y
pre(x)	Menge der Vorgänger (*predecessors*) von Knoten x im Strukturgraphen G
anc(x)	Menge der Vorfahren (*ancestors*) von Knoten x im Strukturgraphen G
suc(x)	Menge der Nachfolger (*successors*) von Knoten x im Strukturgraphen G
des(x)	Menge der Nachfahren (*descendants*) von Knoten x im Strukturgraphen G
dom(x)	Menge der Dominatoren (*dominators*) von Knoten x im Strukturgraphen G
$P(x,\ldots,y)$	Gerichteter Signalpfad vom Signal x zum Signal y im Strukturgraphen G
$V_{P(x,\ldots,y)}$	Menge aller gerichteten Signalpfade vom Signal x zum Signal y im Strukturgraphen G

V_{fl}	Menge der *Free Lines*
V_{bl}	Menge der *Bound Lines*
V_{hl}	Menge der *Head Lines*
x/0	Ständigfehler „Signal x *stuck-at-0*"
x/1	Ständigfehler „Signal x *stuck-at-1*"
γ	Fehlerüberdeckungsgrad
F	Zahl der modellierten Ständigfehler
N	Zahl der Testmuster eines Testsatzes
L	Länge eines Maschinenwortes des Rechners in Bits

Wesentliche Formelzeichen zur Fehlersimulation

O_x	Beobachtbarkeit von Signal x an den Schaltungsausgängen, globale Empfindlichkeit aller Schaltungsausgänge gegen Signal x
vec(x)	Vektor von L Belegungen des Signals x entsprechend L Testmustern
vec(O_x)	Vektor von L Beobachtbarkeiten O_x entsprechend L Testmustern
vec(x_y)	Vektor von L Booleschen Differenzen x_y entsprechend L Testmustern
C_x	Überprüfungskriterium der zum Fanout-Stamm x gehörigen fanoutfreien Zone
vec(C_x)	Vektor von L Überprüfungskriterien der zum Fanout-Stamm x gehörigen fanoutfreien Zone entsprechend L Testmustern
D(x/0)	Detektionsstatus des Fehlers „Signal x *stuck-at-0*"
D(x/1)	Detektionsstatus des Fehlers „Signal x *stuck-at-1*"

Wesentliche Formelzeichen zur automatischen Testmustergenerierung

V_D	D-Front
V_{ul}	Menge der *Unjustified Lines*
$n_0(x)$	Häufigkeit der Anforderung, daß Signal x den logischen Wert 0 annehmen soll
$n_1(x)$	Häufigkeit der Anforderung, daß Signal x den logischen Wert 1 annehmen soll
$(x, n_0(x), n_1(x))$	Am Signal x vorliegendes *Objective* (Werteinstellungsziel)
V_{io}	Menge der initialen *Objectives*
V_{ao}	Menge der aktuellen *Objectives*
V_{fo}	Menge der an Fanout-Stämmen vorliegenden *Objectives*, Menge der Fanout-*Objectives*
V_{ho}	Menge der an *Head Lines* vorliegenden *Objectives*, Menge der *Head-Objectives*

Stichworte

Allgemein:
Gerichteter Strukturgraph, Schaltungseingänge, Schaltungsausgänge, Fanout-Stämme, Fanout-Zweige, fanoutfreie Zonen, unabhängige Fanout-Zweige, Dominanzbeziehungen, Dominator, direkter Dominator, *Free Lines*, *Bound Lines*, *Head Lines*.

Fehlersimulation:
Gutsimulation, lokale Empfindlichkeit, globale Empfindlichkeit, Empfindlichkeitsmatrix, Einfachpfadsensibilisierung, Überprüfungskriterium fanoutfreier Zonen, parallele Signalauswertung, Fehlerinjektion, Fehlbelegungsfortpflanzung, *fault dropping*, *fanout free region dropping*.

Automatische Testmustergenerierung:
Deterministische Testmustergenerierung, Suchproblem mit diskretem und finitem Suchraum, Entscheidungsbaum, *Backtracking*, Vorwärtsimplikation, Rückwärtsimplikation, lokale Implikation, globale Implikation, Durchführung zwingend notwendiger Sensibilisierungsmaßnahmen, *Multiple Backtrace*, inkonsistente Wertzuweisung, widersprüchliche Wertzuweisung, D-Front, *Objective*.

Literaturverzeichnis

[Abra83] Abramovici, M., P. R. Menon und D. T. Miller, »Critical Path Tracing – An Alternative to Fault Simulation«, *Proceedings of the 20th Design Automation Conference*, Juni 1983, S. 214 – 220.

[Abra85a] Abramovici, M., J. J. Kulikowski, P. R. Menon und D. T. Miller, »Test Generation in LAMP2: System Overview«, *Proceedings 1985 International Test Conference*, November 1985, S. 45 – 48.

[Abra85b] Abramovici, M., J. J. Kulikowski, P. R. Menon und D. T. Miller, »Test Generation in LAMP2: Concepts and Algorithms«, *Proceedings 1985 International Test Conference*, November 1985, S. 49 – 56.

[Abra86] Abramovici, M., J. J. Kulikowski, P. R. Menon und D. T. Miller, »SMART and FAST: Test Generation for VLSI Scan-Design Circuits«, *IEEE Design & Test*, August 1986, S. 43 – 54.

[Agra81a] Agrawal, Vishwani D., »Sampling Technique for Determining Fault Coverage in LSI Circuits«, *Journal of Digital Systems*, 1981, Bd. V, Nr. 3, S. 189 – 202.

[Agra81b] Agrawal, Vishwani D., »An Information Theory Approach to Digital Fault Testing«, *IEEE Transactions on Computers*, August 1981, Bd. C-30, Nr. 8, S. 582 – 587.

[Ando80] Ando, H., »Testing VLSI with Random Access Scan«, *Proceedings CompCon 1980*, 1980, S. 50 – 52.

[AnSz86a] Antreich, Kurt J. und Michael H. Schulz, »Fast Fault Simulation in Combinational Circuits«, *IEEE International Conference on Computer-Aided Design, ICCAD-86*, November 1986, S. 330 – 333.

[AnSz86b] Antreich, Kurt J. und Michael H. Schulz, »Zur schnellen Fehlersimulation in kombinatorischen Schaltungen«, *AEÜ*, November 1986, Bd. 40, Nr. 6, S. 355 – 362.

[AnSz87a] Antreich, Kurt J. und Michael H. Schulz, »Accelerated Fault Simulation and Fault Grading in Combinational Circuits«, *IEEE Transactions on Computer-Aided Design*, September 1987, Bd. CAD-6, Nr. 5, S. 704 – 712.

[AnSz87b] Antreich, Kurt J. und Michael H. Schulz, »Fast Fault Simulation for Scan-Based VLSI-Logic«, *Proceedings of the European Conference on Circuit Theory and Design 1987*, September 1987, S. 101 - 106.

[Arms72] Armstrong, Douglas B., »A Deductive Method for Simulating Faults in Logic Circuits«, *IEEE Transactions on Computers*, Mai 1972, Bd. C-21, Nr. 5, S. 464 - 471.

[Barz83] Barzilai, Z. und B.K. Rosen, »Comparison of AC Self-Testing Procedures«, *Proceedings 1983 International Test Conference*, Oktober 1983, S. 89 - 94.

[Basc84] Baschiera, D. und B. Courtois, »Testing CMOS: A Challenge«, *VLSI Design*, Oktober 1984, Bd. V, Nr. 10, S. 58 - 62.

[Benm83a] Benmehrez, C. und J. F. McDonald, »The Subscripted D-Algorithm - ATPG with Multiple Independent Control Paths«, *Proceedings IEEE Automatic Test Program Generation Workshop*, März 1983, S. 71 - 80.

[Benm83b] Benmehrez, C. und J. F. McDonald, »Measured Performance of a Programmed Implementation of the Subscripted D-Algorithm«, *Proceedings of the 20th Design Automation Conference*, Juni 1983, S. 308 - 315.

[Benn84] Bennetts, R. G., *Design of Testable Logic Circuits*, Addison Wesley, 1984.

[Breu76] Breuer, Melvin A. und Arthur D. Friedman, *Diagnosis & Reliable Design of Digital Systems*, Computer Science Press, Inc., 1976.

[Brgl83] Brglez, Franc, »Testability in VLSI«, *Proceedings 1983 Canadian Conference on VLSI*, Oktober 1983.

[Brgl84] Brglez, Franc, Philip Pownall und Robert Hum, »Application of Testability Analysis: From ATPG to Critical Delay Path Tracing«, *Proceedings 1984 International Test Conference*, Oktober 1984, S. 705 - 712.

[Brgl85a] Brglez, Franc, Philip Pownall und Robert Hum, »Accelerated ATPG and Fault Grading Via Testability Analysis«, *Proceedings IEEE International Symposium on Circuits and Systems*, Juni 1985, S. 695 - 698.

[Brgl85b] Brglez, Franc, »An Integrated DFT System«, *Proceedings of the Industrial Research Review*, Microelectronics Center of North Carolina, Research Triangle Park, Oktober 1985.

[Brgl85c] Brglez, Franc, »A Fast Fault Grader: Analysis and Applications«, *Proceedings 1985 International Test Conference*, November 1985.

[BrFu85] Brglez, F. und H. Fujiwara, »A Neutral Netlist of 10 Combinational Benchmark Circuits and a Target Translator in Fortran«, *Proceedings IEEE International Symposium on Circuits and Systems; Special Session on ATPG and Fault Simulation*, Juni 1985.

[Cha78] Cha, Charles W., William E. Donath und Füsun Oezgüner, »9-V Algorithm for Test Pattern Generation of Combinational Digital Circuits«, *IEEE Transactions on Computers*, März 1978, Bd. C-27, Nr. 3, S. 193 - 200.

[Chan83] Chandramouli, R., »On Testing Stuck-Open Faults«, *Proceedings 13th International Symposium on Fault-Tolerant Computing*, Juni 1983, S. 258 - 265.

[ChCh74] Chang, H. Yu-Pang, Stephen G. Chappell, Charles H. Elmendorf und Lonnie D. Schmidt, »Comparison of Parallel and Deductive Simulation Methods«, *IEEE Transactions on Computers*, November 1974, Bd. C-23, Nr. 11, S. 1132 - 1138.

[DaGe87] Daehn, Wilfried und Manfred Geilert, »Fast Fault Simulation for Combinational Circuits by Compiler Driven Single Fault Propagation«, *Proceedings 1987 International Test Conference*, September 1987, S. 286 - 292.

[EiWi77] Eichelberger, E. B. und T. W. Williams, »A Logic Design Structure for LSI Testability«, *Proceedings of the 14th Design Automation Conference*, Juni 1977, S. 462 - 468.

[ElZi81] El-Ziq, Yacoub M., »Automatic Test Generation for Stuck-Open Faults in CMOS VLSI«, *Proceedings of the 18th Design Automation Conference*, Juni 1981, S. 347 - 354.

[Fuji83] Fujiwara, Hideo und Takeshi Shimono, »On the Acceleration of Test Generation Algorithms«, *IEEE Transactions on Computers*, Dezember 1983, Bd. C-32, Nr. 12, S. 1137 - 1144.

[Fuji85a] Fujiwara, Hideo, »FAN: A Fanout-Oriented Test Pattern Generation Algorithm«, *Proceedings IEEE International Symposium on Circuits and Systems*, Juni 1985, S. 671 – 674.

[Fuji85b] Fujiwara, Hideo, *Logic Testing and Design for Testability*, Computer Science Series, The MIT Press, Cambridge, Massachusetts, 1985.

[FuTo82] Fujiwara, H. und S. Toida, »The Complexity of Fault Detection Problems for Combinational Logic Circuits«, *IEEE Transactions on Computers*, Juni 1982, Bd. C-31, Nr. 6, S. 555 – 560.

[Fung82] Fung, H. S. und James Y. O. Fong, »An Information Flow Approach to Functional Testability Measures«, *Proceedings 1982 IEEE International Conference on Circuits and Computers*, September 1982, S. 460 – 463.

[Goel78] Goel, Prabhakar, »RAPS Test Pattern Generator«, *IBM Technical Disclosure Bulletin*, 1978, Bd. 21, Nr. 7, S. 2787 – 2791.

[Goel79] Goel, Prabhakar und Barry C. Rosales, »Test Generation and Dynamic Compaction of Tests«, *Proceedings 1979 International Test Conference*, Oktober 1979, S. 189 – 192.

[Goel80] Goel, Prabhakar, »Test Generation Costs Analysis and Projections«, *Proceedings of the 17th Design Automation Conference*, Juni 1980, S. 77 – 84.

[Goel81a] Goel, Prabhakar, »An Implicit Enumeration Algorithm to Generate Tests for Combinational Logic Circuits«, *IEEE Transactions on Computers*, März 1981, Bd. C-30, Nr. 3, S. 215 – 222.

[Goel81b] Goel, Prabhakar und Barry C. Rosales, »PODEM-X: An Automatic Test Generation System for VLSI Logic Structures«, *Proceedings of the 18th Design Automation Conference*, Juni 1981, S. 260 – 268.

[Gold80] Goldstein, Lawrence H. und Evelyn L. Thigpen, »SCOAP: Sandia Controllability/Observability Analysis Program«, *Proceedings of the 17th Design Automation Conference*, Juni 1980, S. 190 – 196.

[Hörb86] Hörbst, E., M. Nett und H. Schwärtzel, *VENUS-Entwurf von VLSI-Schaltungen*, Springer-Verlag, Berlin, 1986.

[Hong78] Hong, Se June, »Fault Simulation Strategy for Combinational Logic Networks«, *8th International Symposium on Fault-Tolerant Computing*, 1978, S. 96 – 99.

[Jain84] Jain, Sunil K. und Vishwani D. Agrawal, »STAFAN: An Alternative to Fault Simulation«, *Proceedings of the 21st Design Automation Conference*, Juni 1984, S. 18 – 23.

[Joha83] Johansson, Mats, »The GENESYS-Algorithm for ATPG without Fault Simulation«, *Proceedings 1983 International Test Conference*, Oktober 1983, S. 333 – 337.

[KöSt85] Köppe, S. und C.W. Starke, »Logiksimulation komplexer Schaltungen für sehr große Testlängen«, *NTG-Fachberichte Großintegration*, März 1985, S. 73 – 80, VDE-Verlag GmbH.

[Köpp86] Köppe, S., »Modeling and Simulation of Delay Faults in CMOS Logic Circuits«, *Proceedings 1986 International Test Conference*, September 1986, S. 530 – 536.

[Kawa85] Kawai, M., K. Oozeki, M. Takahashi, M. Ono, Y. Ishizaka und T. Masui, »Automatic Test Pattern Generator for Large Combinational Circuits«, *Proceedings IEEE International Symposium on Circuits and Systems*, Juni 1985, S. 663 – 666.

[Leve86] Levendel, Y. und P.R. Menon, »Transition Faults in Combinational Circuits: Input Transition Test Generation and Fault Simulation«, *Proceedings 16th International Symposium on Fault-Tolerant Computing*, Juli 1986, S. 278 – 283.

[Lioy87] Lioy, A. und M. Mezzalama, »On Parameters Affecting ATPG Performance«, *Proceedings of CompEuro 1987*, Mai 1987.

[LiBr86] Lisanke, Robert J., Franc Brglez, Aart de Geus und David J. Gregory, »Testability-Driven Random Pattern Generation«, *IEEE International Conference on Computer-Aided Design, ICCAD-86*, November 1986, S. 144 – 147.

[McCl86] McCluskey, Edward J., *Logic Design Principles*, Prentice-Hall, Inc., Englewood Cliffs, New Jersey, 1986.

[McDo83] McDonald, J. F. und C. Benmehrez, »Test Set Reduction Using the Subscripted D-Algorithm«, *Proceedings 1983 International Test Conference*, Oktober 1983, S. 115 – 121.

[Mura80] Murakami, Michio, Noboru Shiraki und Kazuyuki Hirakawa, »Logic Verification and Test Generation for LSI Circuits«, *Proceedings 1980 International Test Conference*, Oktober 1980, S. 467 – 472.

[Mura85] Murakami, Michio und Hideyuki Kikuchihara, »Test Generation for LSI Circuits Using Extended Nine-Valued Method«, *Proceedings IEEE International Symposium on Circuits and Systems*, Juni 1985, S. 675 – 678.

[Muth75] Muth, Peter, »Verfahren zur Erstellung von Tests für digitale Schaltungen«, *Dissertation der Universität Karlsruhe*, Karlsruhe, Juni 1975.

[Nish85] Nishida, Takao, Shunsuke Miyamoto, Tokinori Kozawa und Katsuya Sato, »RFSIM: Reduced Fault Simulator«, *IEEE International Conference on Computer-Aided Design, ICCAD-1985*, November 1985, S. 13 – 15.

[Pear84] Pearl, Judea, *Heuristics: Intelligent Search Strategies for Computer Problem Solving*, Addison-Wesley Publishing Company, Inc., 1984.

[Rajs86] Rajski, Janusz und Henry Cox, »Stuck-Open Fault Testing in Large CMOS Networks by Dynamic Path Tracing«, *Proceedings 1986 IEEE International Conference on Computer Design*, Oktober 1986, S. 252 – 255.

[Redd84] Reddy, S.K., M.K. Reddy und V.D. Agrawal, »Robust Tests for Stuck-Open Faults in CMOS Combinational Logic Circuits«, *Proceedings 14th International Symposium on Fault-Tolerant Computing*, Juni 1984, S. 44 – 49.

[Rosa85] Rosales, Berry C. und Prabhakar Goel, »Results from Applications of a Commercial ATG System to Large-Scale Combinational Circuits«, *Proceedings IEEE International Symposium on Circuits and Systems*, Juni 1985, S. 667 – 670.

[Roth66] Roth, J. Paul, »Diagnosis of Automata Failures: A Calculus and a Method«, *IBM J. Res. Dev. 10*, 1966, S. 278 – 281.

[Roth80] Roth, J. Paul, *Computer Logic, Testing, and Verification*, Computer Science Press, Inc., Potomac, Maryland, 1980.

[Schu87a] Schulz, Michael H., »Automatic Test Pattern Generation and Fault Grading in Combinational Circuits«, *Proceedings of CompEuro 1987*, Mai 1987, S. 382 - 385.

[Schu87b] Schulz, Michael H., Erwin Trischler und Thomas M. Sarfert, »SOCRATES: A Highly Efficient Automatic Test Pattern Generation System«, *Proceedings 1987 International Test Conference*, September 1987, S. 1016 - 1026.

[Schu88] Schulz, Michael H., Erwin Trischler und Thomas M. Sarfert, »SOCRATES: A Highly Efficient Automatic Test Pattern Generation System«, *IEEE Transactions on Computer-Aided Design*, Januar 1988.

[SzAu88] Schulz, Michael H. und Elisabeth Auth, »Advanced Automatic Test Pattern Generation and Redundancy Identification Techniques«, *Proceedings 18th International Symposium on Fault-Tolerant Computing 1988*, Juni 1988.

[SzBr87] Schulz, Michael H. und Franc Brglez, »Accelerated Transition Fault Simulation«, *Proceedings of the 24th Design Automation Conference*, Juni 1987, S. 237 - 243.

[Seth85a] Seth, Sharad C. und Vishwani D. Agrawal, »Cutting Chip-Testing Costs«, *IEEE Spectrum*, April 1985, S. 38 - 45.

[Seth85b] Seth, Sharad C., Lilu Pan und Vishwani D. Agrawal, »PREDICT - Probalistic Estimation of Digital Circuit Testability«, *Proceedings 15th International Symposium on Fault-Tolerant Computing*, Juni 1985.

[Seth86] Seth, Sharad C., Bhargab B. Bhattacharya und Vishwani D. Agrawal, »An Exact Analysis for Efficient Computation of Random-Pattern Testability in Combinational Circuits«, *Proceedings 16th International Symposium on Fault-Tolerant Computing*, Juli 1986, S. 318 - 323.

[Smith85] Smith, Gordon L., »Model for Delay Faults Based upon Paths«, *Proceedings 1985 International Test Conference*, November 1985, S. 342 - 349.

[Stan77] Stanat, Donald F. und David F. McAllister, *Discrete Mathematics in Computer Science*, Prentice-Hall, Inc., Englewood Cliffs, New Jersey, 1977.

[Taka85] Takamatsu, Yuzo und Kozo Kinoshita, »An Efficient Test Generation Method by 10-V Algorithm«, *Proceedings IEEE International Symposium on Circuits and Systems*, Juni 1985, S. 679 - 682.

[Tarj74] Tarjan, Robert E., »Finding Dominators in Directed Graphs«, *SIAM Journal of Computing*, 1974, Bd. 3, Nr. 1, S. 62 - 89.

[Tris84] Trischler, Erwin, »ATWIG, an Automatic Test Pattern Generator with Inherent Guidance«, *Proceedings 1984 International Test Conference*, Oktober 1984, S. 80 - 87.

[Tris85] Trischler, Erwin, »Guided Inconsistent Path Sensitization: Methods and Experimental Results«, *Proceedings 1985 International Test Conference*, November 1985, S. 79 - 86.

[UlBa73] Ulrich, E. G. und T. Baker, »The Concurrent Simulation of Nearly Identical Digital Networks«, *Proceedings of the 10th Design Automation Conference*, Juni 1973, S. 145 - 150.

[Waic85] Waicukauski, John A., Edward B. Eichelberger, Donato O. Forlenza, Eric Lindbloom und Thomas McCarthy, »Fault Simulation for Structured VLSI«, *VLSI Systems Design*, Dezember 1985, S. 20 - 32.

[Waic86] Waicukauski, John A., Eric Lindbloom, B.K. Rosen und Vijay Iyengar, »Transition Fault Simulation by Parallel Pattern Single Fault Propagation«, *Proceedings 1986 International Test Conference*, September 1986, S. 542 - 549.

[Will73] Williams, Michael J.Y. und J.B. Angell, »Enhancing Testability of Large Scale Integrated Circuits via Test Points and Additional Logic«, *IEEE Transactions on Computers*, Januar 1973, Bd. C-22, Nr. 1, S. 46 - 60.

[Wund85] Wunderlich, Hans-Joachim, »PROTEST: A Tool for Probabilistic Testability Analysis«, *Proceedings of the 22nd Design Automation Conference*, Juni 1985, S. 204 - 211.

[Wund87] Wunderlich, Hans-Joachim, *Probabilistische Verfahren für den Test hochintegrierter Schaltungen*, Informatik-Fachberichte, Nr. 140, Springer-Verlag, Juni 1987.

Anhang: Charakteristika der Benchmark-Schaltungen

a.) Allgemeines

Schal-tungs-name	Anzahl d. Gatter	Anzahl d. Signale	Anzahl d. Primär-eingänge	Anzahl d. Primär-ausgänge	Anzahl d. Ständig-fehler
c432	160	196	36	7	524
c499	202	243	41	32	758
c880	383	443	60	26	942
c1355	546	587	41	32	1574
c1908	880	913	33	25	1879
c2670	1193	1350	157	64	2595
c3540	1669	1719	50	22	3428
c5315	2307	2485	178	123	5350
c6288	2406	2438	32	32	7744
c7552	3512	3718	206	107	7548

b.) Fanout-Charakteristik

Schal-tungs-name	Anzahl d. Fanout-Stämme	Durch-schnittl. Fanout	Maxi-maler Fanout	Durch-schnittl. Fanin	Maxi-maler Fanin
c432	89	2.65	9	2.10	9
c499	59	4.34	12	2.02	5
c880	125	3.50	8	1.90	4
c1355	259	2.97	12	1.95	5
c1908	385	2.58	16	1.70	8
c2670	454	2.74	11	1.74	5
c3540	579	3.15	16	1.76	8
c5315	806	3.51	15	1.90	9
c6288	1456	2.64	16	1.99	2
c7552	1300	2.95	15	1.75	5

c.) Charakteristika der fanoutfreien Zonen (FFZn):

Schaltungsname	Anzahl d. FFZn	Signale/FFZ		Gatter/FFZ	
		Durchschnittl.	Maximal	Durchschnittl.	Maximal
c432	96	4.50	91	1.67	46
c499	91	5.48	33	2.22	17
c880	151	5.83	34	2.54	17
c1355	291	4.66	33	1.88	17
c1908	410	4.65	68	2.15	37
c2670	518	5.01	181	2.30	109
c3540	601	5.89	135	2.78	73
c5315	929	5.72	33	2.48	14
c6288	1488	4.23	7	1.62	3
c7552	1407	5.37	55	2.50	21

d.) Charakteristika der FFZn (Fortsetzung):

Schaltungsname	Eingänge/FFZ		Fehler/FFZ	
	Durchschnittl.	Maximal	Durchschnittl.	Maximal
c432	2.83	45	5.56	101
c499	3.26	16	8.33	28
c880	3.29	17	6.24	32
c1355	2.78	16	5.41	22
c1908	2.51	51	4.58	67
c2670	2.70	72	5.01	134
c3540	3.11	62	5.70	108
c5315	3.24	19	5.76	31
c6288	2.60	4	5.20	8
c7552	2.87	35	5.36	56

Band 130: Kommunikation in Verteilten Systemen. GI/NTG-Fachtagung, Aachen, Februar 1987. Herausgegeben von N. Gerner und O. Spaniol. XII, 812 Seiten. 1987.

Band 131: W. Scherl, Bildanalyse allgemeiner Dokumente. XI, 205 Seiten. 1987.

Band 132: R. Studer, Konzepte für eine verteilte wissensbasierte Softwareproduktionsumgebung. XI, 272 Seiten. 1987.

Band 133: B. Freisleben, Mechanismen zur Synchronisation paralleler Prozesse. VIII, 357 Seiten. 1987.

Band 134: Organisation und Betrieb der verteilten Datenverarbeitung. 7. GI-Fachgespräch, München, März 1987. Herausgegeben von F. Peischl. VIII, 219 Seiten. 1987.

Band 135: A. Meier, Erweiterung relationaler Datenbanksysteme für technische Anwendungen. IV, 141 Seiten. 1987.

Band 136: Datenbanksysteme in Büro, Technik und Wissenschaft. GI-Fachtagung, Darmstadt, April 1987. Proceedings. Herausgegeben von H.-J. Schek und G. Schlageter. XII, 491 Seiten. 1987.

Band 137: D. Lienert, Die Konfigurierung modular aufgebauter Datenbanksysteme. IX, 214 Seiten. 1987.

Band 138: R. Männer, Entwurf und Realisierung eines Multiprozessors. Das System „Heidelberger POLYP". XI, 217 Seiten. 1987.

Band 139: M. Marhöfer, Fehlerdiagnose für Schaltnetze aus Modulen mit partiell injektiven Pfadfunktionen. XIII, 172 Seiten. 1987.

Band 140: H.-J. Wunderlich, Probabilistische Verfahren für den Test hochintegrierter Schaltungen. XII, 133 Seiten. 1987.

Band 141: E. G. Schukat-Talamazzini, Generierung von Worthypothesen in kontinuierlicher Sprache. XI, 142 Seiten. 1987.

Band 142: H.-J. Novak, Textgenerierung aus visuellen Daten: Beschreibungen von Straßenszenen. XII, 143 Seiten. 1987.

Band 143: R. R. Wagner, R. Traunmüller, H. C. Mayr (Hrsg.), Informationsbedarfsermittlung und -analyse für den Entwurf von Informationssystemen. Fachtagung EMISA, Linz, Juli 1987. VIII, 257 Seiten. 1987.

Band 144: H. Oberquelle, Sprachkonzepte für benutzergerechte Systeme. XI, 315 Seiten. 1987.

Band 145: K. Rothermel, Kommunikationskonzepte für verteilte transaktionsorientierte Systeme. XI, 224 Seiten. 1987.

Band 146: W. Damm, Entwurf und Verifikation mikroprogrammierter Rechnerarchitekturen. VIII, 327 Seiten. 1987.

Band 147: F. Belli, W. Görke (Hrsg.), Fehlertolerierende Rechensysteme / Fault-Tolerant Computing Systems. 3. Internationale GI/ITG/GMA-Fachtagung, Bremerhaven, September 1987. Proceedings. XI, 389 Seiten. 1987.

Band 148: F. Puppe, Diagnostisches Problemlösen mit Expertensystemen. IX, 257 Seiten. 1987.

Band 149: E. Paulus (Hrsg.), Mustererkennung 1987. 9. DAGM-Symposium, Braunschweig, Sept./Okt. 1987. Proceedings. XVII, 324 Seiten. 1987.

Band 150: J. Halin (Hrsg.), Simulationstechnik. 4. Symposium, Zürich, September 1987. Proceedings. XIV, 690 Seiten. 1987.

Band 151: E. Buchberger, J. Retti (Hrsg.), 3. Österreichische Artificial-Intelligence-Tagung. Wien, September 1987. Proceedings. VIII, 181 Seiten. 1987.

Band 152: K. Morik (Ed.), GWAI-87. 11th German Workshop on Artificial Intelligence. Geseke, Sept./Okt. 1987. Proceedings. XI, 405 Seiten. 1987.

Band 153: D. Meyer-Ebrecht (Hrsg.), ASST'87. 6. Aachener Symposium für Signaltheorie. Aachen, September 1987. Proceedings. XII, 390 Seiten. 1987.

Band 154: U. Herzog, M. Paterok (Hrsg.), Messung, Modellierung und Bewertung von Rechensystemen. 4. GI/ITG-Fachtagung, Erlangen, Sept./Okt. 1987. Proceedings. XI, 388 Seiten. 1987.

Band 155: W. Brauer, W. Wahlster (Hrsg.), Wissensbasierte Systeme. 2. Internationaler GI-Kongreß, München, Oktober 1987. XIV, 432 Seiten. 1987.

Band 156: M. Paul (Hrsg.), GI – 17. Jahrestagung. Computerintegrierter Arbeitsplatz im Büro. München, Oktober 1987. Proceedings. XIII, 934 Seiten. 1987.

Band 157: U. Mahn, Attributierte Grammatiken und Attributierungsalgorithmen. IX, 272 Seiten. 1988.

Band 158: G. Cyranek, A. Kachru, H. Kaiser (Hrsg.), Informatik und „Dritte Welt". X, 302 Seiten. 1988.

Band 159: Th. Christaller, H.-W. Hein, M. M. Richter (Hrsg.), Künstliche Intelligenz. Frühjahrsschulen, Dassel, 1985 und 1986. VII, 342 Seiten. 1988.

Band 160: H. Mächer, Fehlertolerante dezentrale Prozeßautomatisierung. XVI, 243 Seiten. 1987.

Band 161: P. Peinl, Synchronisation in zentralisierten Datenbanksystemen. XII, 227 Seiten. 1987.

Band 162: H. Stoyan (Hrsg.), Begründungsverwaltung. Proceedings, 1986. VII, 153 Seiten. 1988.

Band 163: H. Müller, Realistische Computergraphik. VII, 146 Seiten. 1988.

Band 164: M. Eulenstein, Generierung portabler Compiler. X, 235 Seiten. 1988.

Band 165: H.-U. Heiß, Überlast in Rechensystemen. IX, 176 Seiten. 1988.

Band 166: K. Hörmann, Kollisionsfreie Bahnen für Industrieroboter. XII, 157 Seiten. 1988.

Band 167: R. Lauber (Hrsg.), Prozeßrechensysteme '88. Stuttgart, März 1988. Proceedings. XIV, 799 Seiten. 1988.

Band 168: U. Kastens, F. J. Rammig (Hrsg.), Architektur und Betrieb von Rechensystemen. 10. GI/ITG-Fachtagung, Paderborn, März 1988. Proceedings. IX, 405 Seiten. 1988.

Band 169: G. Heyer, J. Krems, G. Görz (Hrsg.), Wissensarten und ihre Darstellung. VIII, 292 Seiten. 1988.

Band 170: A. Jaeschke, B. Page (Hrsg.), Informatikanwendungen im Umweltbereich. 2. Symposium, Karlsruhe, 1987. Proceedings. X, 201 Seiten. 1988.

Band 171: H. Lutterbach (Hrsg.), Non-Standard Datenbanken für Anwendungen der Graphischen Datenverarbeitung. GI-Fachgespräch, Dortmund, März 1988, Proceedings. VII, 183 Seiten. 1988.

Band 172: G. Rahmstorf (Hrsg.), Wissensrepräsentation in Expertensystemen. Workshop, Herrenberg, März 1987. Proceedings. VII, 189 Seiten. 1988.

Band 173: M. H. Schulz, Testmustergenerierung und Fehlersimulation in digitalen Schaltungen mit hoher Komplexität. IX, 165 Seiten. 1988.

Informatik – Fachberichte

Band 84: Fehlertolerierende Rechensysteme. 2. GI/NTG/GMR-Fachtagung, Bonn 1984. Herausgegeben von K.-E. Großpietsch und M. Dal Cin. X, 433 Seiten. 1984.

Band 85: Simulationstechnik. Proceedings, 1984. Herausgegeben von F. Breitenecker und W. Kleinert. XII, 676 Seiten. 1984.

Band 86: Prozeßrechner 1984. 4. GI/GMR/KfK-Fachtagung, Karlsruhe, September 1984. Herausgegeben von H. Trauboth und A. Jaeschke. XII, 710 Seiten. 1984.

Band 87: Musterkennung 1984. Proceedings, 1984. Herausgegeben von W. Kropatsch. IX, 351 Seiten. 1984.

Band 88: GI-14. Jahrestagung. Braunschweig. Oktober 1984. Proceedings. Herausgegeben von H.-D. Ehrich. IX, 451 Seiten. 1984.

Band 89: Fachgespräche auf der 14. GI-Jahrestagung. Braunschweig, Oktober 1984. Herausgegeben von H.-D. Ehrich. V, 267 Seiten. 1984.

Band 90: Informatik als Herausforderung an Schule und Ausbildung. GI-Fachtagung, Berlin, Oktober 1984. Herausgegeben von W. Arlt und K. Haefner. X, 416 Seiten. 1984.

Band 91: H. Stoyan, Maschinen-unabhängige Code-Erzeugung als semantikerhaltende beweisbare Programmtransformation. IV, 365 Seiten. 1984.

Band 92: Offene Multifunktionale Büroarbeitsplätze. Proceedings, 1984. Herausgegeben von F. Krückeberg, S. Schindler und O. Spaniol. VI, 335 Seiten. 1985.

Band 93: Künstliche Intelligenz. Frühjahrsschule Dassel, März 1984. Herausgegeben von C. Habel. VII, 320 Seiten. 1985.

Band 94: Datenbank-Systeme für Büro, Technik und Wirtschaft. Proceedings, 1985. Herausgegeben von A. Blaser und P. Pistor. X, 519 Seiten. 1985

Band 95: Kommunikation in Verteilten Systemen I. GI-NTG-Fachtagung, Karlsruhe, März 1985. Herausgegeben von D. Heger, G. Krüger, O. Spaniol und W. Zorn. IX, 691 Seiten. 1985.

Band 96: Organisation und Betrieb der Informationsverarbeitung. Proceedings, 1985. Herausgegeben von W. Dirlewanger. XI, 261 Seiten. 1985.

Band 97: H. Willmer, Systematische Software-Qualitätssicherung anhand von Qualitäts- und Produktmodellen. VII, 162 Seiten. 1985.

Band 98: Öffentliche Verwaltung und Informationstechnik. Neue Möglichkeiten, neue Probleme, neue Perspektiven. Proceedings, 1984. Herausgegeben von H. Reinermann, H. Fiedler, K. Grimmer, K. Lenk und R. Traunmüller. X, 396 Seiten. 1985.

Band 99: K. Küspert, Fehlererkennung und Fehlerbehandlung in Speicherungsstrukturen von Datenbanksystemen. IX, 294 Seiten. 1985.

Band 100: W. Lamersdorf, Semantische Repräsentation komplexer Objektstrukturen. IX, 187 Seiten. 1985.

Band 101: J. Koch, Relationale Anfragen. VIII, 147 Seiten. 1985.

Band 102: H.-J. Appelrath, Von Datenbanken zu Expertensystemen. VI, 159 Seiten. 1985.

Band 103: GWAI-84. 8th German Workshop on Artificial Intelligence. Wingst/Stade, October 1984. Edited by J. Laubsch. VIII, 282 Seiten. 1985.

Band 104: G. Sagerer, Darstellung und Nutzung von Expertenwissen für ein Bildanalysesystem. XIII, 270 Seiten. 1985.

Band 105: G. E. Maier, Exceptionbehandlung und Synchronisation. IV, 359 Seiten. 1985.

Band 106: Österreichische Artificial Intelligence Tagung. Wien, September 1985. Herausgegeben von H. Trost und J. Retti. VIII, 211 Seiten. 1985.

Band 107: Mustererkennung 1985. Proceedings, 1985. Herausgegeben von H. Niemann. XIII, 338 Seiten. 1985.

Band 108: GI/OCG/ÖGJ-Jahrestagung 1985. Wien, September 1985. Herausgegeben von H. R. Hansen. XVII, 1086 Seiten. 1985.

Band 109: Simulationstechnik. Proceedings, 1985. Herausgegeben von D. P. F. Möller. XIV, 539 Seiten. 1985.

Band 110: Messung, Modellierung und Bewertung von Rechensystemen. 3. GI/NTG-Fachtagung, Dortmund, Oktober 1985. Herausgegeben von H. Beilner. X, 389 Seiten. 1985.

Band 111: Kommunikation in Verteilten Systemen II. GI/NTG-Fachtagung, Karlsruhe, März 1985. Herausgegeben von D. Heger, G. Krüger, O. Spaniol und W. Zorn. XII, 236 Seiten. 1985.

Band 112: Wissensbasierte Systeme. GI-Kongreß 1985. Herausgegeben von W. Brauer und B. Radig. XVI, 402 Seiten, 1985.

Band 113: Datenschutz und Datensicherung im Wandel der Informationstechnologien. 1. GI-Fachtagung, München, Oktober 1985. Proceedings, 1985. Herausgegeben von P. P. Spies. VIII, 257 Seiten. 1985.

Band 114: Sprachverarbeitung in Information und Dokumentation. Proceedings, 1985. Herausgegeben von B. Endres-Niggemeyer und J. Krause. VIII, 234 Seiten. 1985.

Band 115: A. Kobsa, Benutzermodellierung in Dialogsystemen. XV, 204 Seiten. 1985.

Band 116: Recent Trends in Data Type Specification. Edited by H.-J. Kreowski. VII, 253 pages. 1985.

Band 117: J. Röhrich, Parallele Systeme. XI, 152 Seiten. 1986.

Band 118: GWAI-85. 9th German Workshop on Artificial Intelligence. Dassel/Solling, September 1985. Edited by H. Stoyan. X, 471 pages. 1986.

Band 119: Graphik in Dokumenten. GI-Fachgespräch, Bremen, März 1986. Herausgegeben von F. Nake. X, 154 Seiten. 1986.

Band 120: Kognitive Aspekte der Mensch-Computer-Interaktion. Herausgegeben von G. Dirlich, C. Freksa, U. Schwatlo und K. Wimmer. VIII, 190 Seiten. 1986.

Band 121: K. Echtle, Fehlermaskierung durch verteilte Systeme. X, 232 Seiten. 1986.

Band 122: Ch. Habel, Prinzipien der Referentialität. Untersuchungen zur propositionalen Repräsentation von Wissen. X, 308 Seiten. 1986.

Band 123: Arbeit und Informationstechnik. GI-Fachtagung. Proceedings, 1986. Herausgegeben von K. T. Schröder. IX, 435 Seiten. 1986.

Band 124: GWAI-86 und 2. Österreichische Artificial-Intelligence-Tagung. Ottenstein/Niederösterreich, September 1986. Herausgegeben von C.-R. Rollinger und W. Horn. X, 360 Seiten. 1986.

Band 125: Mustererkennung 1986. 8. DAGM-Symposium, Paderborn, September/Oktober 1986. Herausgegeben von G. Hartmann. XII, 294 Seiten, 1986.

Band 126: GI-16. Jahrestagung. Informatik-Anwendungen – Trends und Perspektiven. Berlin, Oktober 1986. Herausgegeben von G. Hommel und S. Schindler. XVII, 703 Seiten. 1986.

Band 127: GI-17. Jahrestagung. Informatik-Anwendungen – Trends und Perspektiven. Berlin, Oktober 1986. Herausgegeben von G. Hommel und S. Schindler. XVII, 685 Seiten. 1986.

Band 128: W. Benn, Dynamische nicht-normalisierte Relationen und symbolische Bildbeschreibung. XIV, 153 Seiten. 1986.

Band 129: Informatik-Grundbildung in Schule und Beruf. GI-Fachtagung, Kaiserslautern, September/Oktober 1986. Herausgegeben von E. v. Puttkamer. XII, 486 Seiten. 1986.